नद
nada

Karin Jundt

Karma Yoga

Auf dem sonnigen Weg
durch das Leben

nada Reihe Wegweiser

Bibliografische Information der Deutschen Nationalbibliothek:
Die Deutsche Nationalbibliothek verzeichnet diese Publikation in der
Deutschen Nationalbibliografie; detaillierte bibliografische Daten sind
im Internet über http://dnb.d-nb.de abrufbar.

3. überarbeitete Auflage 2019
Copyright © 2010, 2015, 2019 **nada** Verlag, CH-8712 Stäfa
Alle Rechte vorbehalten, einschließlich des Rechts der teilweisen
oder vollständigen Wiedergabe in jeder Form.
Herstellung: Books on Demand GmbH, Norderstedt
Printed in Germany

ISBN 978-3-907091-03-6

*Gewidmet meinem Bruder,
der seinen eigenen
sonnigen Lebensweg
gefunden hat.*

Inhaltsverzeichnis

Eine kurze Einleitung 11
I. Der Lebensweg 14
II. Der Sinn des Lebens 19
III. Karma, Yoga und Karma Yoga 23
IV. Die Lebensschule 30
   1. Lernen durch das Handeln
      aus freiem Willen 31
   2. Lernen durch Zufälle
      und Winke des Schicksals 33
V. Handeln, ohne zu handeln 41
   1. Wünsche, Wille und Wollen 42
   2. Beweggründe und Ziele 44
VI. Die drei Pfeiler des sonnigen Daseins 52
   1. Urvertrauen 52
   2. Selbstwertgefühl und Selbstliebe 64
   3. Gleichmut 89
   4. Das Zusammenspiel von Urvertrauen,
      Selbstwertgefühl und Gleichmut 99
VII. Und jetzt: Wie handeln im Alltag? 104
   1. Immer tun, was gerade zu tun ist 104
   2. Jede Handlung so gut wie möglich tun 106
   3. Auf die Innere Stimme hören 107
VIII. Die Essenz des Karma Yoga
     und die letzten Hinweise 117
IX. Zum Schluss noch die Erleuchtung 123
   1. Was ist die Gottesverwirklichung? 124
   2. Wie erlangen wir die Gottesverwirklichung? . . .125

Quellenangaben 134
Literaturverzeichnis 135

*Auf diesem Weg
ist kein Bemühen vergebens,
kein Hindernis hat Macht;
schon ein klein wenig dieser Lehre
befreit von der großen Furcht.*

Bhagavadgita II, 40

Eine kurze Einleitung

Der Karma Yoga, eine jahrtausendealte Lehre aus Indien, ist bei uns im Westen kaum bekannt und es existiert nicht viel spezifische Literatur zu diesem Thema. In den 1930er Jahren veröffentlichte C. Kerneïz ein Buch darüber, das später auch auf Deutsch übersetzt wurde; inzwischen sind beide nur noch antiquarisch zu finden. Die einzigen derzeit erhältlichen Werke in deutscher Sprache sind „Karma-Yoga" von Vivekananda, einem indischen Weisen, Schüler des berühmten Ramakrishna, und „Karma Sannyasa" von Swami Satyananda Saraswati. → Literaturverzeichnis Seite 135

Eigentlich seltsam, denn gerade der Karma Yoga wäre für uns Westler, auch ohne damit ein spirituelles Ziel zu verfolgen, ein gangbarer Weg zu einem zufriedeneren Dasein. Wie wir den bei uns oft angebotenen Yoga der Körper-Haltungen (Hatha Yoga) für die physische Gesundheit und zur Entspannung ausüben, so können wir zur wohltuenden Veränderung unserer *inneren* Haltungen den Karma Yoga praktizieren. Man darf ihn auch als eine philosophisch-psychologische Lehre bezeichnen, und er eignet sich deshalb für alle Menschen, unabhängig von ihrer religiösen Ausrichtung.

Ich selbst habe darin meinen spirituellen Weg gefunden, denn für mich findet Spiritualität im Alltag statt. Allerdings beziehe ich auch wertvolle Erkenntnisse aus anderen mystischen Richtungen, beispielsweise aus dem Christentum und dem Sufismus, wobei ich oft Parallelen entdecke und immer wieder feststelle, dass der eine Weg den anderen nicht ausschließt, sondern ergänzt.

Nachdem ich über zehn Jahre lang einer atheistischen Form des Buddhismus gefolgt war, fand ich zurück zum Glauben an eine höhere Macht. Sie hat nicht viel gemein mit dem vermenschlichten Gott Vater, den ich als Kind in der katholischen Kirche kennengelernt hatte; vielmehr ist sie ein nicht näher definiertes Absolutes, das Eine, welches Alles ist. Ich nenne es „das Göttliche".

Die Grundlage des Karma Yoga bildet die Bhagavadgita (nachfolgend auch Gita genannt), eine heilige Schrift Indiens, die Sri Aurobindo, Philosoph und Mystiker, aus dem Sanskrit ins Englische übersetzte und in seinem Werk „Essays on the Gita" umfassend kommentierte. Darauf stütze ich mich in diesem Buch, was die Lehre und Interpretation betrifft.

Mein Hauptanliegen ist indes, einen leicht verständlichen und im Alltag anwendbaren Leitfaden anzubieten; allzu oft sind nämlich Bücher wohl interessant und lehrreich, doch man vermisst darin klare, nachvollziehbare Anregungen, um das Erkannte und Gelernte in das tägliche Leben einzubauen. Das bestätigte mir einmal eine Teilnehmerin meines Kurses über Selbstliebe: „Ich habe weit über ein Dutzend Bücher zu diesem Thema gelesen. Wie erfolglos sieht man auch daran, dass ich schon mehr als einmal mit einem neu gekauften Buch nach Hause gekommen bin, um da zu merken: Ich besitze es bereits!"

Mein „Karma Yoga" will keine wissenschaftliche Arbeit sein. Deshalb sind theoretische Erklärungen bewusst knapp gehalten, in möglichst einfacher Sprache und auf das Wesentliche beschränkt – auf das Wissen, das von praktischem Nutzen ist. Aus dieser Überzeugung schreibe ich nur über Erkenntnisse und Methoden, die ich selbst erfahren und gelernt habe und in meinem Alltag lebe (oder zu leben mich bemühe). Zudem beziehe ich weitere Aspekte mit ein, die sich in der Gita und im klassischen Karma Yoga so explizit nicht finden. Es versteht sich von selbst, dass es sich immer um meine persönliche Auffassung handelt und ich keinen Anspruch auf die absolute Wahrheit erhebe.

Der größte Teil dieses Buches ist also unserem Dasein im Hier und Jetzt gewidmet, mit Beispielen und Übungen, um die neuen Blickwinkel ins eigene Leben zu integrieren. Es beleuchtet vor allem die Themen Urvertrauen, Selbstwertgefühl und Gleichmut – und natürlich das zentrale Element des Karma Yoga: unser Handeln. Damit der Textfluss nicht durch Exkurse unterbrochen wird, stehen ergänzende Erläuterungen und teilweise auch Übungsvorschläge jeweils in einem separaten Kasten am Ende des Kapitels.

Wie der Untertitel „Auf dem sonnigen Weg durch das Leben" vermuten lässt, soll das Buch Leitgedanken zu einem zufriedeneren Dasein vermitteln. Einen großen spirituellen Anspruch erhebt es nicht; erst im letzten Kapitel habe ich das Thema Gottesverwirklichung aufgegriffen, denn selbstverständlich ist das Ziel des Karma Yoga – wie des Hatha Yoga übrigens auch – in seinem Ursprung ein spirituelles. Falls Sie damit nichts anfangen können: Hören Sie einfach am Ende von Kapitel VIII mit dem Lesen auf.

Ganz generell möchte ich Sie, liebe Leser*innen, dazu ermuntern, offen zu sein für Neues, jedoch nur das in sich einzulassen, was in Ihnen anklingt. Wir werden nämlich immer im richtigen Moment an die Informationen und Belehrungen herangeführt, die uns zu neuen Einsichten verhelfen, jeweils dann, wenn ein Schritt in unserer inneren Entwicklung ansteht. Spüren Sie: „Ja, das stimmt für mich", so nehmen Sie es an und setzen Sie es in Ihrem Alltag um.

→ Jenen, die sich vertieft mit dem spirituellen Aspekt befassen möchten, empfehle ich meine Buchreihe „Sonnwandeln" für im Alltag gelebte Spiritualität, die außer dem Karma Yoga weitere spirituelle, philosophische und psychische Grundlagen einbezieht; Info siehe Seite 138.

Ich wünsche Ihnen auf Ihrem Lebensweg Zuversicht, Mut und Geduld, und vor allem viel Freude!

Dezember 2019

Karin

* Das ist die einzige Stelle, an der ich durch das Gender-Sternchen die männliche und die weibliche Form verwende. Ansonsten beschränke ich mich um der leichteren Lesbarkeit willen auf die männliche – über solchen Äußerlichkeiten stehen wir (Frauen) doch.

Meine Website: www.karma-yoga.ch

I. Der Lebensweg

Ungefragt werden wir in dieses Leben hineingestellt, wie Wanderer, die in einer dunklen Nacht unter dem Sternenhimmel am Wegrand erwachen, nicht wissen, wer sie sind, woher sie kommen, wohin sie gehen. Und sich aufmachen in ein unabsehbares, spannendes Abenteuer…

Was suchen wir denn in diesem Leben? Was erwarten wir von ihm? Von uns selbst, von den Mitmenschen, der ganzen Umwelt? Welches sind unsere Ziele, unsere Wünsche, unsere Hoffnungen? Was ist uns wichtig? Warum müssen wir leiden? Worin liegt der Sinn? Gibt es überhaupt einen Sinn, ein Ziel, einen Weg?

Sehr früh schon, als Babys, lernen wir die beiden Gegensätze kennen, die unser gesamtes Leben prägen und bestimmen werden: Freude und Leid. Ersteres streben wir an, letzteres wollen wir vermeiden. Unser Glück im irdischen Leben zu finden, ist unser Ziel, und es lässt sich durchaus erreichen, denn diese Chance ging nicht verloren, als Adam und Eva aus dem Garten Eden gejagt wurden.

→ „Die Vertreibung aus dem Paradies" Seite 18

Die Frage, die sich dabei stellt: Was, ganz konkret, macht uns denn glücklich, was unglücklich? Wir brauchen uns nur einige Menschen aus unserem Umfeld anzuschauen, um sofort zu erkennen: Alle haben unterschiedliche Vorstellungen, was zu ihrem Glück beiträgt und was ihm entgegensteht. Natürlich gibt es übergeordnete Werte, wie Gesundheit und materielle Sicherheit, auch die Erfüllung in Familie und Beruf, die wohl alle nennen würden.

Doch sogar bei diesen Selbstverständlichkeiten zeigen sich bereits unterschiedliche Wertmaßstäbe. Der Eine fühlt sich durch eine chronische Krankheit, wie Diabetes, in seiner Zufriedenheit stark eingeschränkt, ein Anderer überhaupt nicht, ein Dritter ein wenig. Der Eine braucht ein dickes Bankkonto, um sich sicher zu fühlen, dem Anderen genügt ein regelmäßiges Einkommen, ein Dritter lebt von der Hand in den Mund völlig sorgenlos. Die eine Frau will ein Kind und wird nicht schwanger, eine andere will auf keinen Fall Kinder und wird schwanger; beide können dennoch an ihrer Situation Gefallen finden – oder eben nicht.

Wir selbst wissen nicht immer, was zu unserer Zufriedenheit beiträgt und was sie uns nimmt. Wie oft haben wir uns etwas gewünscht und dann feststellen müssen, dass es uns Leid gebracht hat! Und entpuppte sich nicht schon etwas vermeintlich Negatives oder Unerwünschtes im Nachhinein als schön und bereichernd? Wir sind offenbar nicht in der Lage, genau zu bestimmen, was uns guttut und was uns schadet, auf lange Sicht schon gar nicht, oft aber auch nicht in der unmittelbaren Zukunft.

Dazu kommt, dass wir das Leben nicht wirklich im Griff haben, wie wir meinen und gern möchten. Wir können zwar Pläne schmieden, uns um ihre Verwirklichung bemühen, die Konsequenzen unserer Entscheidungen und Taten abschätzen, die Zukunft durch eine Analyse der gegenwärtigen Gegebenheiten vorwegnehmen – doch eine Garantie, dass es tatsächlich so kommt, wie wir es wünschen, planen, voraussehen, haben wir nie. Das Schicksal kann in jedem beliebigen Moment unsere Lebenslage in ihr Gegenteil wenden, zum sogenannt Guten wie zum sogenannt Schlechten. Wobei wir im ersten Moment nicht selten das eine mit dem anderen verwechseln.

→ „Glück im Unglück" Seite 18

Besonders bei schmerzlichen Schicksalsschlägen wird uns bewusst, wie unberechenbar und zerbrechlich das Glück ist; wir spüren unsere Ohnmacht und empfinden uns vielleicht sogar als Spielball böser Mächte. Oft fragen wir uns dann, ob es in diesem Daseinsdschungel überhaupt möglich ist, sich zurechtzufinden und durchzukämpfen, anhaltendes Glück zu erlangen, ob es denn praktische Wegweiser für den *eigenen* Weg durch das Leben gibt. Wir wünschten uns einen Leitfaden, einer Wanderkarte gleich, der uns einen leichten Weg weist, uns zur Freude führt und vom Leiden fernhält.

Ich habe lange nach solchen Wegweisern gesucht, wohl schon als Kind, bewusst bestimmt seit der Pubertät, einer Zeit, in der ich oft unglücklich war. Immer wieder folgte ich Wegen, von denen ich mir dauerhafte Zufriedenheit versprach: die Liebesbeziehung, das Studium, die berufliche Karriere, das Reisen, der Sport, der Buddhismus. In allen fand ich zeitweilig eine gewisse Erfüllung, doch mein Leben bestand nach wie vor aus Hochs und Tiefs – wie unser aller Leben, wie „das Leben eben so ist". Frohen, leichten Perioden folgten immer wieder schwierige, belastende: geschäftliche und finanzielle Probleme, Sorge um Familienmitglieder, eine Krankheit, die Herzoperation meines Lebenspartners.

Und irgendwie spürte ich stets: Etwas fehlt und ich bin nicht zutiefst glücklich. Heute weiß ich, dass es hauptsächlich am mangelnden Urvertrauen und kaum vorhandenen Selbstwertgefühl lag.

Gerade im Alltäglichen erleben wir dieses Auf und Ab ständig: ein unerwartetes Geschenk – der Ehepartner vergisst den Hochzeitstag; ein lustiger Abend mit Freunden – ein Streit mit dem Vorgesetzten, den Kindern, den Nachbarn; Vorfreude auf die Ferien an einem sonnigen Strand – massive Flugverspätung und ein schäbiges Hotel; eine Gehaltserhöhung – der Verlust oder Diebstahl der Brieftasche; Freude über die gefundene bessere Wohnung, die Beförderung, einen neuen Freund – Existenzangst, Versagensangst, Verlustangst. Putzen müssen anstatt draußen die Sonne genießen, Grippe anstatt Ausflug in die Berge, ungehorsame und quengelnde Enkel anstatt lustiger Zirkusbesuch, früh aufstehen anstatt ein Stündchen länger schlafen, durch den Tag hetzen anstatt Muße zum Mittagessen, Druck am Arbeitsplatz anstelle von ein paar netten Worten mit den Kollegen und tausend andere recht gewöhnliche Begebenheiten. Manchmal erfahren wir das gleiche Ereignis sogar gleichzeitig als Freude und als Leid: Wir erzielen einen kleinen Lottogewinn, freuen uns kurz darüber und bedauern dann, nicht eine richtige Zahl mehr angekreuzt zu haben.

In diesem Spannungsfeld von Angenehmem und Unangenehmem, von Geliebtem und Verhasstem bewegen wir uns tagtäglich. Und halten es für normal.

So erging es mir auch, obwohl mein Leben ab dem zwanzigsten Altersjahr – von außen, oberflächlich betrachtet – als recht glücklich gelten mochte. Bis mein Partner unerwartet starb. Ich war damals 37. *Der* Einschnitt in meinem bis dahin geregelten und ziemlich gleichförmigen Dasein.

Kurz darauf begegnete ich, durch eine Verkettung sogenannter Zufälle, einem Therapeuten und Lebensberater – endlich einem echten Wegweiser! –, der mir die Richtung zeigte, wie ich wahrhaft glücklich durch das Leben wandern konnte. Es ging um Selbstwertgefühl, Urvertrauen, Wertmaßstäbe, Gelassenheit, Lebenssinn, Willenskraft und alles immer konkret auf den Alltag bezogen, auf meine gewöhnlichen kleinen und großen Herausforderungen und Freuden. Mein neuer Lehrer vertrat keine abgehobenen Ideen (wie einige, denen ich in jungen Jahren gefolgt war), sondern stand mit beiden Füßen auf dem Boden, in *dieser* Welt. Der Weg, den er mich lehrte, erkannte ich als tatsächlich begehbar für ein schwaches, verängstigtes, suchendes Wesen wie mich – wie wir Menschen eben sind. Er gab ihm keinen Namen, auch bestand er eher aus einzelnen Lehrabschnitten als aus einem zusammenhängenden, klar definierten Lehrgebilde. Erst später, als ich mich mit dem Hinduismus beschäftigte, entdeckte ich, dass es sich weitgehend um den Karma Yoga handelte.

Essenz von Kapitel I

Wir möchten in diesem irdischen Leben unser Glück finden. Doch oft wissen wir selbst nicht wirklich, worin es besteht und was wir unternehmen müssen, um es zu erlangen.

Dazu kommt, dass wir das Leben nicht willentlich nach unseren Vorstellungen gestalten können; zu viel an Unvorhergesehenem, Schicksalhaftem kann all unsere Pläne in einem einzigen Augenblick zunichtemachen.

Am liebsten besäßen wir deutliche Wegweiser, die uns genau sagen, wie wir unser Leben anpacken müssen, um glücklich zu werden. Ein solcher Leitfaden kann die Lehre des Karma Yoga sein.

Die Vertreibung aus dem Paradies

Dieser Teil der Schöpfungsgeschichte aus der Bibel (Genesis 2,8 ff.) hat eine tiefe symbolische Bedeutung.

Adam und Eva lebten im Paradies auf Erden, alles war gut und schön, es war für sie gesorgt und sie waren glücklich. Bis sie vom Baum der Erkenntnis aßen, was Gott ihnen verboten hatte. Die Frucht dieses Baums verlieh ihnen die *Unterscheidungskraft zwischen Gut und Böse*.

Davor war alles einheitlich gewesen, sie hatten keine Gegensätze gekannt. So kam die Bewertung in die Menschheit. Fortan teilte sie ein in Gut und Böse, Schön und Hässlich, Angenehm und Unangenehm, Erwünscht und Verhasst. Damit verlor sie die Unschuld der Einheit und begann in der Dualität zu leben, im Spannungsfeld der Gegensätze, die das Auf und Ab des Daseins ausmachen.

Ähnliche Mythen gibt es auch in anderen Kulturen, beispielsweise bei afrikanischen Ackerbauvölkern. In ihren verschiedenen Traditionen geht es immer darum, dass die Menschen am Anfang mit der Gottheit zusammenwohnten und die Nahrung direkt vom Himmel bekamen. Aber in ihrer Gier nahmen sie sich mehr, als sie wirklich brauchten, oder sie wollten selbst bestimmen und entscheiden und begannen, Getreide anzupflanzen, obwohl ihnen die Gottheit doch das Lebensnotwendige gegeben hatte. Daraufhin zog sich die Gottheit von den Menschen zurück und diese mussten durch harte Arbeit ihr Dasein fristen. So lernten sie ebenfalls Entbehrung und Schmerz kennen.

Glück im Unglück *(eine Tao-Geschichte)*

In einem Dorf lebte ein Bauer, der ein Pferd besaß und deshalb von den armen Leuten als überaus wohlhabend angesehen wurde.

Eines Tages lief das Pferd davon und der Bauer wurde von den Dorfbewohnern bemitleidet. Er selbst meinte nur: „Mal sehen…"

Nach einer Woche kehrte das Pferd zurück, gefolgt von einigen Wildpferden. So besaß der Bauer jetzt mehrere Tiere und alle beglückwünschten ihn. Wiederum meinte er selbst nur: „Mal sehen…"

Als sein Sohn versuchte, eines der Wildpferde zuzureiten, warf es ihn ab und er brach sich das Bein. Auch diesmal beklagten die Menschen das böse Schicksal, doch der Bauer meinte nur: „Mal sehen…"

Am nächsten Tag kamen Offiziere in das Dorf und rekrutierten alle jungen Männer für den bevorstehenden Krieg, nur den Sohn des Bauern nicht, denn er war ja verletzt.

Abermals freuten sich die Leute für den Bauern. Und auch jetzt meinte dieser nur: „Mal sehen…"

II. Der Sinn des Lebens

Eine der Fragen, die jeden Menschen früher oder später mindestens einmal beschäftigen, ist diejenige nach dem Sinn des Lebens, dem allgemeinen und dem individuellen: Warum gibt es die Erde und das Universum? Was mache ich in dieser Welt? Was ist der Sinn meiner Existenz? Hat das Ganze überhaupt einen Sinn? Die Ausrichtung unseres Daseins, die Planung unserer Zukunft, auch die Strategien, mit denen wir unser Glück verfolgen, hängen nicht unwesentlich damit zusammen, welche Antwort auf die Sinnfrage wir für uns selbst finden.

Glauben wir an einen Gott oder an eine höhere Macht in irgendeiner Form, so führt das meistens auch zur Überzeugung, dass die Welt mitsamt dem menschlichen Sein einen Sinn hat, haben muss. Die Vorstellung, alles könnte aus Zufall und Chaos entstanden und keiner da sein, „der nach dem Rechten schaut", ist vielen unerträglich.

In der Mythologie verschiedener Kulturen (die Schöpfungsgeschichten der Weltreligionen sind ebenfalls Mythen) wird selten ein Grund angegeben, warum ein Gott die Welt erschaffen hat; manchmal heißt es, er habe sich gelangweilt, sich allein gefühlt oder er habe sich offenbaren wollen. In den sogenannten heiligen Schriften, von Menschen verfasst und interpretiert, wird meistens gefordert, die Geschöpfe müssten dem Gott gehorchen, ihn lieben, ehren, lobpreisen.

Betrachten wir das Universum seit der Entstehung bis heute, stellen wir fest, dass sich die Einheit zur Vielheit entfaltet hat. Beim Urknall, so lehrt uns die Wissenschaft, begann ein „Etwas", das alles extrem dicht komprimiert in sich vereinte, zu expandieren. Es entstanden Galaxien mit Sternen und Planeten. Auf der vorerst unbelebten Erde erschienen später die lebenden Organismen, Einzeller. Sie schlossen sich zu Gruppen zusammen, spezialisierten sich, bildeten Pflanzen und Tiere, die sich von einfachen zu immer komplexeren Systemen wandelten.

Neben dieser Ausformung von der Einheit zur Komplexität erkennen wir zudem, dass die Natur alles Erdenkliche zu verwirklichen versucht. Schauen wir nur den Artenreichtum an, die oft bizarren Wesen, und stellen wir uns im Gegenzug einen Planeten vor, auf dem es ausschließlich Berge aus Granit, braune Erde, Klee, Tannen und Raben gibt. Es geht in der Schöpfung offenbar nicht um Gleichförmigkeit, Eintönigkeit, sondern um die verschiedenartigsten Farben, Formen, Materialien, Laute, Düfte, ...

Der Sinn des Lebens scheint auf der materiellen Ebene also in der Evolution und Differenzierung zu liegen, in einem nicht endenden Prozess. Selbst wenn gewisse Religionen den Menschen für die Krone der Schöpfung halten – sind wir tatsächlich so vermessen anzunehmen, von jetzt an stehe alles still?

Es lässt sich wohl nicht vorhersagen, wie sich unsere Spezies körperlich verändern wird. Doch erweitern wir unseren Blickwinkel von der physischen Evolution auf den Geist, so sehen wir auch hier, vom Einzeller bis zum Menschen, eine fortlaufende Verfeinerung und Individualisierung auf der Bewusstseinsebene. Das lässt sich schließlich ebenfalls innerhalb der Gattung Homo über die letzten paar Millionen Jahre beobachten und noch deutlicher beim Homo sapiens, dem modernen Menschen, in den vergangenen 160 000 Jahren. Hoffnungslose Pessimisten mögen einwenden, die Menschheit habe sich dabei nicht zum Besseren gewandelt. Doch *was* die Menschheit oder Einzelne aus einem Geist mit immer mehr Möglichkeiten schaffen – und warum –, ist ein anderes Thema. Tatsache ist, *dass* diese Entwicklung stattgefunden hat und weiterhin stattfindet.

Darin sehen die mystischen Richtungen der Religionen den Lebenssinn und die Lebensaufgabe des Menschen: durch die Entwicklung eines höheren Bewusstseins das Göttliche zu erkennen, zu verwirklichen und die Einheit mit ihm zu erlangen.

Dieser Prozess ist nicht wie bei der Evolution der Arten ein kollektiver, sondern ein individueller. Im Gegensatz zu den Pflanzen und vermutlich den meisten (vielleicht gar allen) Tieren, deren Verhalten durch Instinkte gesteuert und deren Evolution zwangsläufig durch die Natur vollzogen wird, besitzen wir Menschen nämlich die Voraussetzungen, unsere Handlungsweise mehr oder minder frei zu bestimmen. Und damit die Chance, uns bewusst und freiwillig zu vervollkommnen, um so den Sinn des Lebens zu erfüllen.

Warum aber sollten wir das tun? Was vermag uns anzutreiben? Bekanntlich ist jede Veränderung mit Mühe verbunden, nicht selten mit Angst, Ungewissheit, Herausforderungen, Schmerz und Leid. Unter welchen Bedingungen sind wir denn bereit, solches auf uns zu nehmen? Wohl dann, wenn wir glauben, dadurch ein verführerisches Ziel zu erreichen. Und welches Ziel wäre für uns verlockender als anhaltendes Glück? Das ist es nämlich, was wir suchen, alles übrige, Geld, Macht, Liebe, Gesundheit und was wir uns sonst noch wünschen, ist nur Mittel zum Zweck. Aber warum finden wir diese immerwährende Zufriedenheit nicht? Warum besteht das Leben aus einem Auf und Ab, aus Freude und Leid? Warum trübt immer wieder etwas unser Glück?

→ „Glücklichsein und Zufriedenheit" Seite 22

Vielleicht, weil wir den richtigen Weg noch nicht erkannt, nicht entdeckt haben. Könnte der Preis dafür nicht in der Entwicklung eines neuen Bewusstseins liegen? Oder anders ausgedrückt: Gibt es eine Bewusstseinsstufe, auf welcher wir ausschließlich zufrieden sind? Die Gita bejaht es, der Karma Yoga weist diesen Weg.

Essenz von Kapitel II

Der Sinn des Lebens scheint auf der materiellen Ebene in der Evolution und Vielfalt zu bestehen, auf der geistigen in der Entwicklung immer höherer Bewusstseinsformen.

Dadurch können wir auf eine Stufe gelangen, die uns immerwährende Zufriedenheit schenkt. Die natürliche Evolution treibt uns unausweichlich dahin; wir Menschen können diesen Weg aber auch bewusst beschreiten und unsere individuelle Wandlung willentlich beschleunigen.

Die Gita zeigt uns eine Möglichkeit: den Karma Yoga.

Glücklichsein und Zufriedenheit

Die beiden Begriffe werden im allgemeinen Sprachgebrauch meistens gleichwertig benutzt. Es mag nur Definitionssache sein, doch mache ich in diesem Buch folgende Unterscheidung:

Glücklichsein ist durch äußere Umstände bedingt, dieser Zustand kommt und geht, ist also vergänglich. In der Regel wird er als mehr oder minder starke Emotion, als eine Gemütsregung empfunden.

Zufriedenheit ist ein Zustand der Seele, nicht abhängig von äußeren Umständen, nicht wandelbar, ewig währen. Er ist uns aber für gewöhnlich nicht bewusst und drückt sich eher aus durch eine tiefe, stille innere Ruhe und Gelassenheit. Wir finden die Zufriedenheit, wenn wir mit der Seele näher in Kontakt kommen.

III. Karma, Yoga und Karma Yoga

→ „Karma und Yoga" Seite 27

Spricht man hierzulande von Yoga, wird darunter hauptsächlich der Hatha Yoga, der Yoga der Körperhaltungen, verstanden; von den allermeisten Menschen außerhalb Indiens wird er zur Entspannung und als Gymnastik ausgeübt, im besten Fall mit ein bisschen Hintergrundwissen über die indische Philosophie und Religion. Dass es ein eigenständiger spiritueller Weg ist, der nichts als die Erleuchtung oder Gottesverwirklichung zum Ziel hat, ist wenigen bewusst; und es ist oft auch nicht bekannt, dass er das Gleiche fordert wie andere östliche Lehren, nämlich vollständige Hingabe an das Göttliche, Verzicht auf Besitz, Kontrolle der Gedanken, Meditation, sexuelle Enthaltsamkeit und mehr. Im Hinduismus ist der Hatha Yoga *einer* der Pfade zur Gottesverwirklichung, neben dem Jnana Yoga (Yoga der Erkenntnis), dem Bhakti Yoga (Yoga der liebenden Hingabe), dem Karma Yoga (Yoga des Handelns), dem Raja Yoga (königlicher Yoga) und anderen weniger verbreiteten. Alle stellen an den Schüler hohe Anforderungen, ebenfalls zeitlicher Natur: stundenlanges Üben, Meditieren, zum Teil auch den Rückzug aus der Welt – die Erleuchtung ist nicht so mühelos zu haben! Für uns westliche Menschen sind solche Yogaformen nur schwer zu praktizieren, weil wir nicht in diesem Kulturkreis aufwachsen; zudem fühlen wir uns stark in Beruf, Familie, Gesellschaft und Freizeitaktivitäten eingebunden und verzichten nicht gern darauf.

Der Karma Yoga bildet eine Ausnahme. Und nach seinen Grundsätzen zu leben, ist in jedem Fall lohnend, selbst wenn die Gottesverwirklichung nicht unser Ziel ist, denn er vereinfacht das tägliche Leben.

Der Begriff Karma wird bei uns fast ausschließlich mit dem Kreislauf der Wiedergeburten in Zusammenhang gebracht. Er bezeichnet die Gesamtheit der vom Einzelnen in der Vergangenheit, auch in früheren Existenzen, angesammelten guten und schlechten Taten. Unter unserem Karma verstehen wir, kurz gesagt, unser Schicksal, das wir selbst durch unsere Gedanken, Rede und Handeln bestimmt haben und für die Zukunft bestimmen.

Das Karma-Gesetz beruht auf dem Prinzip von Ursache und Wirkung: Gute Taten führen zu einem guten Schicksal, schlechte Taten zu einem schlechten. Wir tragen, bildlich gesprochen, einen Rucksack mit uns, in den fortwährend alle unsere Taten gepackt werden. Daraus baut sich unsere Zukunft zusammen. Unser Karma entsteht folglich durch eine reine Gesetzmäßigkeit, die nicht einen eingreifenden Gott voraussetzt, der urteilt, belohnt oder bestraft; so wird es im Hinduismus und Buddhismus vielfach verstanden.

Entscheidend dabei ist, dass *jede* Tat unweigerlich Konsequenzen mit sich führt, die in der gegenwärtigen oder in künftigen Existenzen ausgelebt werden müssen. Da wir die Befreiung aus diesem Kreislauf, das Nirwana – oder wie man es nennen mag – erst erlangen, nachdem wir das *ganze* bereits bestehende Karma in irdischen Leben abgetragen haben, ist es unabdingbar, uns nicht ständig noch neues aufzuladen. Auch kein gutes, da solches ja nicht zur Erlösung führt, sondern nur in eine angenehme Wiedergeburt. Das bedeutet: Wir dürfen überhaupt nichts mehr tun. Natürlich geht das nicht, solange wir einen Körper haben, der zumindest genährt werden will. In Indien wählten die Erlösungsuchenden deshalb den Weg, der dieser Forderung am nächsten kam. Sie saßen in Meditation bei einem Tempel oder wanderten und lebten von Almosen. Das ist wohl kaum das Richtige für uns, um in diesem Leben glücklich zu werden oder nach Erleuchtung zu streben.

→ „Die Bhagavadgita" Seite 28

→ „Die Philosophie der Bhagavadgita" Seite 29

Es gibt eine andere Lösung: *Wir müssen handeln, ohne zu handeln.* Das ist in einem Satz ausgedrückt die zentrale Botschaft des Karma Yoga, bei dem es vor allem um die Taten geht; das Sanskritwort *Karma* bedeutet in erster Linie Tat.

Die Bhagavadgita bestätigt, der Verzicht auf jegliche Tat in dieser Welt sei unmöglich, doch sie fordert ihn nicht, im Gegenteil. Es genüge, meint sie, die *materielle* Entsagung durch eine *ideelle* zu ersetzen.

→ Die Quellenangaben zu den fortlaufend nummerierten Zitaten finden sich auf Seite 134.

Krishna, in der Bhagavadgita der höchste Gott, erklärt: „Als ein Entsagender soll immer gelten, wer [selbst wenn er handelt] weder Abneigung noch Verlangen spürt. Denn steht er über den Gegensätzen, so ist er auf leichte und glückliche Weise von der Gebundenheit befreit." [1]

Ferner: „Wer alle Anhaftung an die Früchte seines Wirkens losgelassen hat, stets zufrieden und unabhängig ist, der handelt nicht, obwohl er sich am Handeln beteiligt." ²

Mit anderen Worten: *Eine Tat, gleich welcher Art, lädt uns kein neues Karma auf, wird sie mit Gleichmut und ohne Anhaftung ausgeführt; handeln dürfen und sollen wir, jedoch ohne zu werten und nicht um bestimmte Ergebnisse zu erzielen.* Das hört sich komplizierter an, als es in Wirklichkeit ist; in den nachfolgenden Kapiteln erläutere ich es näher und setzte es stets in Bezug zum Alltagsleben.

Jedenfalls halte ich diesen Yoga, den ich seit nunmehr bald drei Jahrzehnten lerne, lebe und lehre, für ideal in unserer heutigen Gesellschaft. Er macht den Alltag zum spirituellen Übungsfeld, sodass wir uns nicht extra Zeit nehmen müssen für Meditation, Gebet oder andere Praktiken (Zeit, die wir ohnehin nie haben), weil wir uns in jedem Augenblick bewusst mit unserer inneren Entwicklung befassen: bei der Arbeit, in allen zwischenmenschlichen Beziehungen, in der Freizeit, …

Für die meisten Menschen dürfte jedoch seine „Nebenwirkung" wichtiger sein: Den Grundsätzen des Karma Yoga zu folgen, macht auch das alltägliche Leben unbeschwerter. Das darf ich aus meiner eigenen Erfahrung sagen und das ist es, was ich in diesem Buch weitergeben möchte, nämlich Erkenntnisse und Werkzeuge, um *dieses* Leben zufriedener zu gestalten, es mit weniger Ängsten und Sorgen und mehr Zuversicht und Mut zu durchwandern. Denn nicht jeder Mensch fühlt sich von der Spiritualität angezogen; den Wunsch, in dieser Welt, in diesem Dasein glücklich zu werden, haben wir jedoch alle.

Der Karma Yoga kann also ausgeübt werden:
• um Urvertrauen, Selbstwertgefühl, Gleichmut und Fähigkeiten zu erlangen oder zu stärken, durch die wir zufriedener werden;
• als eigenständiger spiritueller Weg oder als Ergänzung zu anderen spirituellen Wegen.

Essenz von Kapitel III

Wie andere Yogaformen auf Körperhaltungen, Meditation und weiteren Praktiken beruhen, gründet der Karma Yoga auf der inneren Haltung beim Handeln. Alle Taten führen wir mit Gleichmut aus, ohne Anhaftung, und wir streben nicht bestimmte Ergebnisse an.

Der Karma Yoga lässt sich im täglichen Leben gut praktizieren, da er den Alltag selbst zum Übungsfeld macht und wir uns keine zusätzliche Zeit dafür nehmen müssen.

Er führt zu einem zufriedeneren und sorgloseren Leben, auch zur Gottesverwirklichung, sofern wir diese anstreben.

Karma und Yoga

Beide Wörter stammen aus dem Sanskrit, der alten, nicht mehr gesprochenen Sprache Indiens. In Sanskrit sind die jahrtausendealten heiligen Schriften Indiens verfasst, beispielsweise die Veden, die Upanishaden und die Bhagavadgita.

Karma: Tat, Werk; das Handeln oder Werk eines Menschen; die Kraft, die durch ihr Wirken die Evolution und die wiederholte Rückkehr der Seele in die Existenz bestimmt.

Karma bezeichnet einerseits die Summe der vergangenen Taten aus diesem und den früheren Leben, andrerseits jede Tat, die wir begehen und durch welche wir neues Karma schaffen. Beide bestimmen unsere Zukunft.

Yoga: Verbindung, Vereinigung; die Vereinigung der Seele mit dem göttlichen Sein, dem göttlichen Bewusstsein, der göttlichen Glückseligkeit; eine Methode zur Vervollkommnung des menschlichen Individuums; Oberbegriff für spirituelle Wege; entspricht auch dem Begriff Religion: Lateinisch *religio* = Rückbindung (zum Göttlichen).

Karma Yoga: der Yoga des Handelns; spiritueller Weg, der zur Gottesverwirklichung führt durch das Handeln ohne Anhaftung.

Die Bhagavadgita

Bhagavadgita (auch Bhagavad Gita), Sanskrit: der Gesang des erhabenen Gottes. Es ist die bei uns bekannteste heilige Schrift Indiens und mit der Bibel einer der meistübersetzten spirituellen Texte der Welt. Sie ist vermutlich um 200 v. Chr. entstanden, eingefügt als eine Episode in das große indische Epos Mahabharata.

Die Bhagavadgita besteht aus einem Dialog zwischen Arjuna und dem Gott Krishna (= Bhagavan, hier als der höchste Gott verstanden), der sich im Wagenlenker von Arjuna verkörpert hat. Es ist Bürgerkrieg, zwei Heere stehen einander auf dem Schlachtfeld gegenüber. Arjuna aus der Kriegerkaste erkennt in seinen Gegnern eigene Familienangehörige, Freunde, Lehrer und sieht keinen Sinn darin, sie zu töten: Er verweigert den Kampf. Das ist für Krishna der Anlass, ihn im Yoga zu unterweisen, in spiritueller Lebensphilosophie.

Zuerst erklärt er ihm, seine Aufgabe als Mitglied der Kriegerkaste bestehe im Kämpfen und Töten. Was sich für uns seltsam anhört – dass Gott jemanden auffordert zu töten –, ist es nicht in der inneren Logik des Karma Yoga. Arjuna soll ja nicht töten aus Hass, Eroberungsdrang, Gier, Machtstreben oder einer anderen Motivation, sondern einzig, weil er ein Krieger ist und Krieg zu führen seine Lebensaufgabe. Dadurch handelt er gleichmütig, im Einklang mit dem eigenen Lebensgesetz und dem göttlichen Willen. Es geht also keinesfalls um einen Aufruf zum gefühllosen Töten, vielmehr wird die Absichtslosigkeit an einem zwar extremen, in der damaligen Zeit aber durchaus verständlichen Beispiel illustriert.

Um Arjunas Bedenken auszuräumen, sagt Krishna: „Auch ohne dich werden all diese Krieger [...] nicht mehr sein. [...] Durch mich und keinen anderen sind sie bereits erschlagen, werde du nur zum Vollstrecker. Töte die, die schon von mir getötet sind [...]" [3] Mit anderen Worten bedeutet das: „Was ich vorgesehen habe, kann keiner ändern, du kannst niemanden töten, den ich nicht tot haben will; du bist nur mein Werkzeug".

Aus dieser Ausgangssituation entwickelt sich ein Gespräch. Arjuna stellt viele Fragen und Krishna erklärt ihm das richtige Handeln und die Lebensaufgabe, er spricht über Weisheit und Liebe, Anhaftung und Gleichmut, das Wirken der Natur und die höhere Kraft, und er weist ihm den Weg zur Gottesverwirklichung.

→ Literaturverzeichnis Seite 135

In diesem Sinne interpretiert Sri Aurobindo (1872-1950), der große indische Philosoph und spirituelle Lehrer, die Bhagavadgita und gründet seinen Integralen Yoga unter anderem darauf.

Andere, beispielsweise Mahatma Gandhi, sehen die Schlacht als Symbol für den menschlichen Kampf zwischen dem niederen und dem Höheren Selbst.

Die Philosophie der Bhagavadgita

Die Bhagavadgita lehrt in erster Linie einen praktikablen Yoga-Weg und erwähnt metaphysische Vorstellungen nur so weit, als diese zur Erläuterung nötig sind. Für das Verständnis des Karma Yoga ist es nützlich, das ihr zugrunde liegende Konzept zu kennen. Ich gebe an dieser Stelle nur einige der elementarsten Gedanken wieder, vereinfacht und in aller Kürze.

Wir sehen die Schöpfung zwar als eine Vielheit von Belebtem und Unbelebtem, in Wahrheit gibt es aber nur Eines, das Göttliche. Zum einen manifestiert es sich als göttliche Energie in allem Existierenden (in der Materie) und hält durch sein Wirken die Welt aufrecht, einschließlich aller Phänomene, die wir wahrnehmen, wie Geburt und Tod und das ganze Leben dazwischen. Zum andren ist es das ewige, nichthandelnde Göttliche, das dieses weltliche Schauspiel zulässt und genießt, ohne einzugreifen.

Diese beiden Aspekte sind auch im Menschen. Ein Teil von uns (das Höhere Selbst) ist der unbeteiligte Zuschauer, der im ewigen Sein, Bewusstsein und in der ewigen Glückseligkeit des Göttlichen weilt und von den Ereignissen des Lebens nicht berührt wird. Der andere Teil ist unser in das Geschehen verstricktes Bewusstsein (das niedere Selbst oder Ego), das aktiv am Leben teilnimmt, Freude und Leid empfindet. Der Mensch lebt für gewöhnlich nicht im Höheren Selbst und erkennt darum die Wahrheit nicht. Er unterliegt der Illusion, er sei der Wollende und Handelnde, während es in Wirklichkeit die göttliche Energie ist, die will und handelt.

Die Gita lehrt deshalb, den eigenen Willen loszulassen und uns ganz dem göttlichen Willen hinzugeben. Dadurch erlangen wir die Position des unberührten Zuschauers dieses weltlichen Schauspiels und die Erlösung aus dem Geburtenkreislauf – Sinn und höchstes Ziel des Karma Yoga.

IV. Die Lebensschule

Halten wir nochmals fest: Die Zufriedenheit in *diesem* Leben ist unser Ziel und weltlicher Sinn unseres Daseins. Spirituell betrachtet bedeutet es, an der Glückseligkeit unserer Seele, also des Göttlichen teilzuhaben.

Offenbar wissen wir nicht, wie wir diese Zufriedenheit erlangen; sie ist keine Selbstverständlichkeit, die uns auf dem Silbertablett präsentiert wird, sodass wir nur zugreifen können. Es scheint, als müssten wir unser Bewusstsein dafür erst schulen. Doch wo ist die Schule, wo sind die Lehrer, wo die Schulbücher? Können uns vielleicht die Religionen, die Philosophie, die Psychologie zuverlässig unterweisen? Aber wer kennt die Wahrheit, wem sollen wir glauben und folgen?

Gibt es nicht etwa so viele Wege zum Göttlichen, oder zur Glückseligkeit, wie es Menschen gibt? Und wenn jeder diesen Weg zu gehen hat, müsste dann die Schule nicht jedem offenstehen? Die Lehrer für jeden erreichbar sein, die Bücher für jeden lesbar und verständlich?

Die Schule zur immerwährenden Zufriedenheit wird tatsächlich von jedem Menschen besucht, ob er will oder nicht, ob er sich dessen bewusst ist oder nicht. Das Leben selbst ist nämlich unser Lehrer – denn wer lehrt uns besser als die alltägliche Praxis? Und die Schulbücher, der „Leitfaden zur Zufriedenheit", sind in unserer eigenen Seele niedergeschrieben – denn wo könnten wir sie lesen wenn nicht in uns selbst?

Diese Schule arbeitet mit den beiden Methoden, die das Leben selbst bietet:

• *Mit der Wechselwirkung zwischen freiem Handeln und Erkenntnis.* Ich handle, wie ich es für richtig halte, und aus den daraus entstehenden Konsequenzen ziehe ich meine Schlüsse und gelange zu neuen Einsichten, die mein künftiges Handeln bestimmen – ich lerne daraus.

• *Mit den sogenannten Zufällen und Winken des Schicksals.* Alle mich betreffenden Ereignisse haben einen Sinn für mich. Einerseits zwingen sie mir eine bestimmte Richtung auf, leiten mich beispielsweise um, wenn ich mich auf einem Irrweg befinde; andrerseits vermitteln sie mir Erkenntnisse dadurch, dass ich sie deute – ich lerne daraus.

Obwohl die selbst erlittenen Lektionen die nachhaltigsten sind, ist es nicht erforderlich, alles am eigenen Leib zu erfahren. Wir sind in der Lage, auch aus den Erlebnissen anderer und sogar aus der Theorie zu lernen, indem wir uns mit Möglichkeiten, Entscheidungen, Folgen gedanklich auseinandersetzen und das Handeln danach ausrichten.

Vor allem aber besitzen wir unseren wichtigsten, unfehlbaren Ratgeber, der uns stets das Richtige empfiehlt: die Innere Stimme. Davon später in Kapitel VII.

1. Lernen durch das Handeln aus freiem Willen

Seit jeher haben die Menschen sich gefragt, inwieweit ihr Leben vorherbestimmt sei oder ob sie es nach ihren Vorstellungen selbst gestalten könnten. Philosophien und Religionen haben versucht, eine Antwort darauf zu geben.

Absolute Vorbestimmung bedeutet: Unser Leben ist bis in die kleinsten Details, einem Drehbuch gleich, vorgegeben und wir sind auf der Weltbühne nichts weiter als Schauspieler, die ihren Text beherrschen, jede Bewegung wie einstudiert ausführen, nach einem Regisseur, der in einer uns unbekannten Weise lenkt – Schauspieler allerdings, die vergessen haben, dass sie nur eine Rolle spielen, und alles für die Wirklichkeit halten.

Absolut freier Wille hingegen impliziert: Alle Menschen tun in jedem Augenblick, was sie wollen, wirken dadurch aufeinander ein und beeinflussen somit in chaotischer Weise das Geschick der ganzen Welt.

In beiden Fällen ist unser eigenes Leben für uns unvorhersehbar: Im ersten Fall, weil wir das Drehbuch unseres Bühnenstücks nicht kennen, im zweiten, weil in jedem Augenblick fremde Einwirkungen unser Leben mitbestimmen, die durch den freien Willen anderer bedingt sind.

Die meisten Menschen, die dem Leben einen Sinn zugestehen, glauben wohl, dass die Ereignisse weder auf absoluter Vorbestimmung noch auf absolut freiem Willen beruhen, sondern dass die Wahrheit irgendwo dazwischen liegt, näher beim einen oder beim anderen Extrem.

Denn wären wir lediglich Marionetten an unsichtbaren Fäden, hätten wir ja keine Chance, die gemachten Erfahrungen und erlangten Einsichten in unser Handeln einzubringen. Umgekehrt: Dürfte jedes Wesen durch seine Handlungsweise aufgrund seines absolut freien Willens uns unverschuldet in irgendwelche Katastrophen mit hineinziehen, was würde uns dann das Gelernte und unser eigenes „richtiges" Handeln nützen? In beiden Fällen läge es nicht in unserer Macht, etwas zu unserer Zufriedenheit beizutragen, und wir müssten ohnmächtig zusehen.

Gibt es einen Sinn im Leben, ein Ziel, so bedingt dies eine wie auch immer geartete Form von Lenkung, sei es durch strikte Gesetzmäßigkeiten, sei es durch das hilfreiche Eingreifen einer höheren Macht in gewissen Situationen. Letzteres wird in der Religion als Gnade bezeichnet und beruht darauf, dass eine solche Macht die Zusammenhänge umfassend und im Hinblick auf ein fernes Ziel überschaut. Sie gesteht uns zwar die größtmögliche Wahlfreiheit zu, überlässt uns schwache, unwissende, hilflose Menschen jedoch nicht ganz uns selbst.

→ „Vorherbestimmtes Schicksal und starres Karma-Gesetz?" Seite 39

Einige Glaubensrichtungen des Buddhismus schließen das Element der Gnade aus: Einzig das Karma-Gesetz bestimme über die Ereignisse, wir könnten uns nur selbst erlösen, Unterstützung dürften wir von höheren Mächten nicht erwarten.

Ich selbst habe mich zehn Jahre lang zu einer solchen atheistischen Form des Buddhismus bekannt. Vielleicht sollte es nicht mein Weg sein, vielleicht war ich zu schwach, um auf diesem Pfad, ganz allein auf mich gestellt, zu wandern. Jedenfalls hatte ich die ganze Zeit das Gefühl, es fehle etwas, aber ich wusste nicht was. Einmal meinte ich, mich zu wenig zu bemühen, nicht lange genug zu meditieren, ein anderes Mal glaubte ich, trotz aller Anstrengung einfach nicht weiterzukommen. Erst als ich das Göttliche wieder fand, das mir als Teenager verloren gegangen war, wurde mir schlagartig bewusst, was ich all die Jahre vermisst hatte. Ich empfand es als so befreiend, nach und nach zu erkennen und zu erfahren, dass ich nicht *alles* selbst tun muss, nicht die *ganze* Bürde und Verantwortung auf mei-

→ „Der hölzerne Gott" Seite 40

nen Schultern lastet. Ich habe meinen Einsatz zu leisten, das ist unerlässlich; dafür darf ich aber auch darauf vertrauen, dass ein Höheres die Geschicke lenkt, meines und das der anderen.

Niemand kann sagen, ob eine der Theorien, die sich die Menschen in Bezug auf den freien Willen und die Vorbestimmung ausgedacht haben, überhaupt stimmt.
 Doch ist es für uns wirklich wichtig zu wissen, ob unsere Entscheidungen und Handlungen vorherbestimmt sind oder nicht? Ob wir als Schauspieler wirken, die vergessen haben, Schauspieler zu sein, und sich gänzlich in ihrer Rolle verlieren, oder ob wir in jedem Moment unser Leben selbst gestalten? Da wir es nicht mit Sicherheit wissen, bleibt uns gar nichts anderes übrig, als nach eigenem Ermessen mit dem, was wir für unseren freien Willen halten, zu entscheiden und jederzeit so zu handeln, wie wir es spüren. Im Vertrauen, dass es allein auf das Lernen ankommt und keine unserer Entscheidungen und Taten endgültige Konsequenzen mit sich bringt. Alles ist ständig im Fluss, die Situationen wandeln sich, Unvorhergesehenes tritt auf, Erwartetes bleibt aus, in jedem einzelnen Augenblick entsteht die Gegenwart neu.

2. Lernen durch Zufälle und Winke des Schicksals
Als Zufall werden unverhoffte, unbeabsichtigte, unvorhersehbare Ereignisse bezeichnet, die nicht als Folge bestimmter Ursachen erkennbar sind und keine rationale Erklärung bieten. *Zufall* ist das, was uns *zufällt*, ohne dass wir danach suchen oder es anstreben.
 Analoges sagt das Wort Schicksal aus, das in einer ähnlichen Bedeutung benutzt wird wie Zufall. Es impliziert aber stärker eine gewisse Vorbestimmung oder die Einwirkung einer Macht, der wir ausgeliefert sind, und weist oft einen negativen Beigeschmack auf. Bei einer positiven Wendung sprechen wir eher von *Fügung*; damit ist jedoch auch gemeint, *wir müssten uns fügen*. Gleichermaßen geht das Wort Schicksal auf *schicken* zurück im Sinne von *sich schicken* (= sich fügen).

Warum gibt es Menschen, die ein schweres Schicksal erleiden, immer wieder von sogenannten Schicksalsschlägen getroffen werden, und andere, bei denen das Leben glatt und unproblematisch verläuft und der Zufall stets zu Hilfe kommt?

Gibt es eine Erklärung für das Leiden all derer, die anscheinend nichts dafür können, hungernde Kinder, Tote bei Naturkatastrophen, unschuldige Opfer bei Unfällen? Und für die vermeintlichen Glückspilze?

„Warum?" Diese Frage stellen sich die Menschen immer wieder. Und trifft es uns selbst, eine Krankheit, der Tod eines geliebten Menschen, der Verlust des Arbeitsplatzes, fragen wir: „Warum ausgerechnet ich?" Bezeichnenderweise interessiert uns das meistens nicht, wenn das Glück uns hold ist, wenn Angenehmes uns zufällt.

Vielleicht ist die Frage nur falsch gestellt. Sie müsste nicht „Warum?" lauten, sondern präziser: „Was hat es für mich zu bedeuten?". Liegt nicht etwa in allem ein Sinn? Ist der Sinn des Lebens die persönliche Entwicklung und unser Dasein die Schule, dann zeigt uns jedes einzelne Ereignis, was wir noch lernen müssen, oder bestätigt uns, dass wir uns auf dem richtigen Weg befinden. Die Schwierigkeit liegt indes darin zu erkennen, *was* wir lernen sollen, *was* uns ein Zufall, ein Schicksalsschlag oder eine glückliche Fügung sagen will.

Für die Deutung gibt es keine allgemein gültigen Regeln. Bei Krankheiten scheint es vergleichsweise einfach, eine Antwort zu finden, wenn wir den befallenen Körperteil und seine Funktion betrachten. So ist beispielsweise die Haut unsere „Kontaktstelle zur Außenwelt": Dermatologische Probleme lassen oft auf eine gestörte Beziehung zu unserem Umfeld und den Mitmenschen schließen. Füße und Beine symbolisieren einerseits Standhaftigkeit, andrerseits Voranschreiten, das Herz steht für Liebe, der Schoß für Geborgenheit. Oft bringen uns Redensarten ebenfalls auf die richtige Spur: etwas liegt mir auf dem Magen; meine Kehle ist wie zugeschnürt; die Angst sitzt mir im Nacken; er hat mir das Herz gebrochen.

Nicht immer ist die Auslegung allerdings so klar. Bei Heiserkeit beispielsweise, also dem Verlust der Stimme, fragen wir uns: „Was darf ich nicht sagen?" Oder: „Was habe ich gesagt und hätte es besser unterlassen?" Aber ebenso: „Was hätte ich zu sagen gehabt, jedoch geschwiegen?" Hier erkennen wir, dass verschiedene, zum Teil sogar entgegengesetzte Erklärungen zutreffen könnten.

Bei anderen Ereignissen als Krankheiten sind Schlussfolgerungen noch schwieriger. Wie gehe ich damit um, wenn bei einem Vorhaben immer wieder Hindernisse auftreten? Vielleicht ist mein Projekt nicht gut für mich und ich sollte es nicht weiterverfolgen. Oder doch eher lernen, für eine Sache zu kämpfen und nicht klein beizugeben?

Was will das Schicksal mich lehren, wenn der geliebte Partner mich verlässt: loszulassen, mein Ego zu überwinden und ihm von Herzen alles Glück der Welt zu wünschen? Oder findet diese Trennung statt, weil für mich ein anderer Weg bereitsteht, der mir mehr Erfüllung und wichtige Erfahrungen schenken wird?

Warum verliere ich den Job? Ist es etwa ein längst fälliger Schritt, dem ich mich bisher verweigert habe, obwohl die Situation an meinem Arbeitsplatz nicht mehr zufriedenstellend war? Oder muss ich lernen kürzerzutreten, mich mehr der Familie oder der Gesundheit zu widmen? Wartet vielleicht eine besser geeignete Aufgabe auf mich? Oder heißt es einfach lernen, auch diese Situation ohne Angst und Selbstzweifel zu überstehen?

Finde ich eine befriedigende Interpretation für unangenehme Zufälle oder ein schmerzliches Schicksal, so fällt es mir leichter, sie zu akzeptieren, und ich erkenne eher, wie ich mich zu verhalten habe.

Die Frage nach der Bedeutung stellt sich ebenfalls bei angenehmen Zufällen und glücklichen Fügungen, denn *alles*, was uns zufällt, hat einen Sinn. Die Ereignisse sind sozusagen Wegweiser, „geheime" Zeichen, die es zu entschlüsseln gilt und die uns dann die Richtung weisen.

Manchmal verstehen wir die Botschaft eines Geschehens hingegen nicht unmittelbar. Möglicherweise wird uns die Einsicht zu einem späteren Zeitpunkt geschenkt, vielleicht jedoch nie. Auf jeden Fall sollten wir uns nicht den Kopf darüber zerbrechen oder uns quälen, sondern es einfach als gegeben stehen lassen.

Denn zum einen: Nicht für jedes nebensächliche Ereignis, beispielsweise dass wir den Zug verpassen oder bei einem Wettbewerb einen Preis gewinnen, brauchen wir eine Erklärung zu suchen.

Zum andren: Nur weil unser Verstand die Bedeutung nicht erkennt, heißt das nicht, dass wir keine Lehren daraus ziehen. Wir bestehen ja aus verschiedenen Elementen: aus einem mentalen, einem emotionalen und einem körperlichen Ich, die alle miteinander verwoben sind, aber durchaus auch eigenständig agieren und Erfahrungen sammeln. Kinder beispielsweise lernen über die Körpererfahrung, vor dem heißen Bügeleisen zurückzuschrecken und saure Beeren nach dem ersten Kosten zu meiden. Eine Information kann also nicht nur über den Verstand, sondern auch direkt in den Körper oder die Emotionen gehen, in uns etwas bewegen und eine Veränderung herbeiführen, die uns allerdings im Augenblick mental nicht bewusst ist.

Und vor allem: Ständig darüber nachdenken, was dieses und jenes zu bedeuten hat, hindert uns am Erleben. Vielmehr dürfen wir einfach staunen, wie kleine Ereignisse sich zu etwas Tiefgreifendem zusammenfügen, wie aus anscheinend belanglosen Begebenheiten entscheidende Wenden im Leben entstehen. Das Dasein ist unheimlich spannend, durchwandern wir es mit offenen Augen, und wir lernen viel beim bloßen Beobachten, Wahrnehmen und Erleben, ohne ständig alles durch den Verstand zu schleusen.

Dass ich seinerzeit meinem „Wegweiser" begegnete, beruht auf einer solchen Verkettung von wichtigen und von anscheinend belanglosen Zufällen. Am Anfang stand der Tod meines Lebenspartners, sonst hätte ich nicht die Chance gehabt, mein Leben zu verändern. Etwa zwei Monate danach wachte ich eines Morgens auf und wusste: Ich will Fallschirm springen. Es war eine Eingebung aus dem Nichts, vielleicht hatte ich in der Nacht etwas geträumt, an das ich mich jedoch nicht erinnerte.

In der Schweiz kannte ich vom Hörensagen einen einzigen Ort, wo dieser Sport betrieben wurde (erst später erfuhr ich, dass es mehrere gab), und ich meldete mich sofort für die Ausbildung an. Mit einem anderen Kursteilnehmer,

Simon*, verstand ich mich erstaunlich gut, obwohl wir recht verschiedene Ansichten und teilweise gegensätzliche Lebenseinstellungen hatten und er ein Einzelgänger war. Nach etwa einem halben Jahr, in dem wir uns immer wieder beim Fallschirmspringen getroffen hatten, besuchte er mich einmal an meinem Wohnort (200 Kilometer von seinem entfernt), weil er sich gerade in der Gegend aufhielt. Er brachte einen Bekannten mit, Roberto. Wir beide fanden uns sofort auf einer tieferen Ebene und diskutierten den ganzen Abend angeregt. Danach sah ich ihn nicht mehr.

*Name geändert

Einige Monate später tauchte Roberto unverhofft auf dem Sprunggelände auf. Ich war gerade daran, den Fallschirm zu falten, als ich ihn auf mich zukommen sah. Eine unbändige, unerklärliche Freude ergriff mich, ich lief mit offenen Armen auf ihn zu, fiel ihm um den Hals und wir küssten uns auf die Wangen. An jenem Tag wurde er zu meinem Lehrer und veränderte nach und nach meinen Alltag und meinen spirituellen Weg tief greifend und nachhaltig.

Ich wäre Roberto wohl nie begegnet, hätte der Tod meinen Partner nicht aus dem Leben gerissen, eine rätselhafte Eingebung mich nicht zum Fallschirmsport getrieben und eine glückliche Fügung nicht ausgerechnet Simon in den gleichen Kurs eingeteilt.

Die Lebensschule funktioniert bis zu einem gewissen Grad wie eine gewöhnliche Schule. Solange wir achtsam den Lektionen folgen und lernen, bestehen wir die Prüfungen und kommen weiter, in die nächste Klasse. Haben wir hingegen den Schulstoff noch nicht verstanden oder sind wir nachlässig, unaufmerksam, desinteressiert, unwillig, faul, so erhalten wir Nachhilfeunterricht, müssen Examen wiederholen, bleiben vielleicht sogar sitzen.

Im Gegensatz zur gewöhnlichen Schule, aus welcher wir hinausgeworfen werden, wenn wir uns schlecht benehmen, oder die einmal zu Ende ist, entlässt uns die Lebensschule nie. Verweigern wir uns dem Lernen, so werden die Lektionen und Prüfungen immer schwerer, bis wir schließlich einsehen, dass wir gar keine andere Wahl haben, als mitzuwirken. Dann schenkt sie uns viel Freude.

Essenz von Kapitel IV

Die Schule für die innere Entwicklung besuchen wir alle, bewusst und willentlich oder gezwungenermaßen, denn das Leben selbst ist unser Lehrer.

Wir lernen einerseits aus unserem Handeln: Wir treffen frei unsere Entscheidungen und gewinnen Erkenntnisse aus den Folgen. Andrerseits lenken uns die Zufälle und das Schicksal, unabhängig davon, ob wir die Ereignisse deuten oder nicht.

Die Lebensschule funktioniert teilweise ähnlich wie eine gewöhnliche Schule: Wir können aufpassen, lernen und die Prüfungen bestehen – wenn nicht, müssen wir die Lektionen wiederholen.

Die gewöhnliche Schule ist jedoch einmal zu Ende, die Lebensschule hingegen nie; sie treibt uns durch zunehmend schwierigere Situationen zur Einsicht, es sei besser, freiwillig zu lernen.

Vorherbestimmtes Schicksal und starres Karma-Gesetz?

Viele Menschen meinen, dem Tod nicht entrinnen zu können, wenn ihre Stunde geschlagen hat. Andere bedeutende Geschehnisse ließen sich ebenfalls nicht vermeiden, glauben sie, gewisse Punkte im Leben stünden fest.

Gäbe es jedoch ein unabänderliches vorherbestimmtes Schicksal, auch nur für einzelne Ereignisse, wäre es zwecklos, dass wir versuchen, durch unser Verhalten den Lebensweg zu beeinflussen. Ein solcher Fatalismus könnte Trägheit und Egoismus, ja Wagemut bis hin zu todesverachtendem Leichtsinn hervorrufen.

Analoges gilt für den Glauben an ein rein mechanisches Karma-Gesetz. Obwohl jede unserer Handlungen eine Wirkung hat, das ist wohl unbestritten, steht nicht absolut fest, *wie* diese Wirkung genau ausfällt.

Ein Beispiel zur Veranschaulichung. Werfen wir einen Stein in die Richtung eines Fensters, so schlägt er da ein und es geht in die Brüche – das entspricht dem Gesetz von Ursache und Wirkung.

Es kann aber auch eine heftige Windböe den Stein so weit ablenken, dass er nicht in die Scheibe fliegt, sondern etwas daneben an die Mauer und dort keinen oder nur geringen Schaden verursacht – das entspricht dem hilfreichen Eingreifen der göttlichen Gnade.

Liegt der Sinn des Lebens in der Entwicklung eines höheren Bewusstseins, so ist das Lernen die Lebensaufgabe, der Weg, um das Ziel zu erreichen. Und es wird uns alles gegeben, was das Lernen fördert: glückliche Zeiten ebenso wie schwere, dazu eine Lebensdauer, die es uns ermöglicht, gesetzte Lernziele zu erreichen – oder aufzugeben.

Wir wählen und entscheiden fortwährend, ob wir schnell oder langsam vorankommen: ob wir uns im Leben einfach treiben lassen oder unsere innere Entwicklung bewusst anpacken. Unseren Fortschritten in der Lebensschule entsprechend ändert sich unser Schicksal laufend. Haben wir eine Lektion gelernt, müssen wir sie nicht wiederholen; andernfalls werden wir immer wieder mit analogen Themen in unterschiedlichen Situationen konfrontiert, bis wir sie begriffen haben.

Unser Schicksal ist also trotz des Karma-Gesetzes nicht vollständig festgelegt. Wir verändern und bestimmen es durch unseren freien Willen jeden Tag von Neuem und dürfen dabei auch auf die Hilfe des Göttlichen vertrauen.

Der hölzerne Gott

Ich habe oft Menschen, die sich, wie ich einst, als Atheisten bezeichneten, sagen hören: „Ich glaube nicht an Gott, aber an eine höhere Macht in irgendeiner Form glaube ich schon."

Sie sind offenbar einem kirchlichen Gottesbegriff verhaftet, den sie ablehnen. Dabei spielt es doch keine Rolle, wie wir diese höhere Macht nennen: Gott, Allah (Allah wird auch von den Arabisch sprechenden Christen als Wort für „Gott" verwendet), Krishna, Jahwe oder das Göttliche, das Absolute, das Höhere, …

Der russische Schriftsteller Leo Tolstoi hat sich überaus treffend dazu geäußert:

„Wenn in dir der Gedanke aufkommt, dass alles, was du über Gott dachtest, falsch ist und es keinen Gott gibt, so lass dich dadurch nicht verunsichern. Es geht allen so.

Meine aber nicht, dein Unglaube rühre daher, dass es keinen Gott gibt. Wenn du nicht mehr an deinen früheren Gott glaubst, so liegt es daran, dass an deinem Glauben etwas falsch war, und du musst versuchen besser zu begreifen, was du Gott nennst. Wenn ein Wilder aufhört, an seinen hölzernen Gott zu glauben, so bedeutet das nicht, dass es keinen Gott gibt, sondern nur, dass er nicht aus Holz ist."

V. Handeln, ohne zu handeln

Es gibt Heilswege, die das Diesseits einzig als Voraussetzung für ein künftiges Jenseits sehen, in das wir nach dem physischen Tod eingehen. Deshalb betrachten sie das Glück in diesem Leben als zweitrangig oder sogar als hinderlich, und einige fordern den Rückzug aus der Welt. Doch wieso sollte das Göttliche unseren wunderbaren Kosmos und all das Schöne erschaffen haben, wenn wir uns davon abwenden müssten? Wäre es uns bestimmt, als Asketen und Einsiedler mit Entbehrung und Kasteiung zu leben, hätte das Göttliche die Erde dann nicht mit lauter Höhlen ausgestattet, in die sich jeder Mensch allein verkriecht? Wie könnte er sich so aber am Leben erhalten, wie die Menschheit fortbestehen und sich weiterentwickeln?

Wir sind auf dieser Welt, um zu handeln, nicht um untätig in Meditation und Versenkung zu verweilen, bis die Seele den Körper verlässt. Denn alles ist im Fluss und wir bewegen uns darin, wie es in der Gita steht: „Niemand verharrt auch nur einen Augenblick ohne Tat, alle werden zwangsläufig zur Tat getrieben durch das Wirken der Natur." [4]

Das schließt nicht aus, dass es für einige Menschen der richtige Weg ist, in die Abgeschiedenheit eines Klosters einzutreten oder als Bettelmönch durchs Land zu ziehen. Vielleicht ist es – glauben wir an die Wiedergeburt – tatsächlich die letzte Herausforderung, die wir noch meistern müssen, bevor wir aus dem Kreislauf der Existenzen endgültig erlöst sind. Wer diesen Ruf in sich spürt, tut wohl das Richtige, ihm zu folgen. Vorausgesetzt, es ist nicht nur eine Flucht aus dieser „ach so bösen und schlechten Welt", in welcher er sich nicht zurechtfindet.

Die Gita äußert sich dazu allerdings in unmissverständlichen Worten: „Beide, Entsagung und der Yoga des Handelns [Karma Yoga], führen zur Erlösung der Seele, doch von diesen beiden steht der Yoga des Handelns über dem Verzicht auf das Handeln." [5]

Das *richtige* Handeln ist das zentrale Thema der Gita. Als spirituelle Schrift versteht sie unter *richtig*: dem Seelenheil förderlich. Und was der Seele guttut, verhilft uns zu einem zufriedenen Leben. So finden wir darin denn auch wegweisende Lehrsätze dazu:

„Du hast ein Recht auf das Handeln, aber nur auf das Handeln, niemals auf dessen Früchte; lass nicht die Früchte deines Wirkens dein Beweggrund sein, noch sei der Tatenlosigkeit verhaftet." [6]

„Gefestigt im Yoga, vollbringe deine Taten, indem du der Anhaftung entsagst und gleichmütig bist gegenüber Misserfolg und Erfolg." [7]

→ „Was auch immer du tust..." Seite 48

→ „Ah ja?" Seite 49

Entscheidend sind demnach die Taten an sich, nicht die damit angestrebten Ergebnisse. Wir handeln nach bestem Wissen und Gewissen und tragen jede Auswirkung mit Gelassenheit: Weder freuen wir uns über einen positiven Ausgang, noch sind wir über einen negativen betrübt. Es ist offensichtlich, dass unser Leben dadurch ausgeglichener und sorgloser wird – würde, hinderten unsere Wünsche und die daraus resultierenden Zielsetzungen uns nicht immer wieder daran, nach diesen Grundsätzen zu leben.

1. Wünsche, Wille und Wollen

Unser Alltag ist von Wünschen geprägt. Wir wollen dieses und jenes besitzen, wir wollen materielle Sicherheit, wir wollen eine erfüllende Lebensaufgabe, wir wollen unsere Lieben beschützen, wir wollen geachtet werden, wir wollen glücklich sein, …

Manchmal artet unser Wollen in einen eigentlichen Kampf aus. Wir kämpfen um den Arbeitsplatz, für die Beziehung, den Zusammenhalt der Familie, für politische und soziale Ziele, eine Ideologie. Ferner kämpfen wir gegen alles, was wir nicht wollen, gegen Probleme, Krankheiten, Not, Ungerechtigkeit, …

Im Allgemeinen wird der Wille tatsächlich für eine positive Eigenschaft gehalten, was sich in Redewendungen widerspiegelt wie „Des Menschen Wille ist sein Himmelreich" und „Wo ein Wille ist, ist auch ein Weg". In Anlehnung an die bekannte Aussage von Descartes „Ich denke, also bin ich" hört man zuweilen „Ich will, also bin ich". Der Wille scheint das menschliche Dasein wesentlich zu bestimmen, und selbstverständlich ist keine Handlung, keine Leistung ohne einen anfänglichen Willensimpuls denkbar.

Es ist allerdings eine unserer liebsten Illusionen zu glauben, willensstarkes, zielgerichtetes Handeln führe zu den beabsichtigten Ergebnissen und damit zur Erfüllung unserer Wünsche. Unsere Erfahrung bestätigt uns hingegen laufend, dass wir wollen oder nicht wollen können, aber nicht die Macht besitzen, ein bestimmtes Ziel auch zu erreichen. Wie oft haben wir uns alle Mühe gegeben, ohne das Ersehnte zu erlangen! Ein anderes Mal haben wir nur einen mäßigen Einsatz geleistet und das Resultat ist überraschend erfreulich ausgefallen. Es wird uns gegeben und es wird uns genommen, unabhängig von unserem Streben.

Dem menschlichen Willen, den ich lieber als *Wollen* bezeichne, steht nämlich der Höhere Wille gegenüber, der die Geschicke des Universums nach seinem allumfassenden, uns nicht in Einzelheiten bekannten Plan lenkt. Wir können davon ausgehen, jeder Mensch habe darin seinen Platz und seine Aufgabe; uns allen gemeinsam ist die Aufgabe, uns innerlich zu entwickeln, damit sich das übergeordnete Ziel, der Sinn des Lebens, erfüllt.

Da der Höhere Wille zweifellos mächtiger ist als unser von kurzfristigen Zielen, Wünschen und Ängsten getriebenes menschliches Wollen, liegt der Schluss nahe: Nur wenn unser Handeln mit dem Höheren Willen übereinstimmt, geht es uns langfristig gut. Verhalten wir uns hingegen in einer Weise, die den höheren Zielen zuwiderläuft, greift das Schicksal ein und bringt unsere Pläne zum Scheitern, um uns auf den richtigen Weg zu führen.

Woher wissen wir aber, was dem Höheren Willen entspricht? Niemand kann uns das mit Gewissheit sagen – außer wir glauben bedingungslos und überzeugt einer der Religionen (oder der Kirchen) und befolgen blind deren Gebote und Verbote als vermeintlichen Ausdruck des göttlichen Willens. Doch selbst dann gibt es unzählige Fälle, über welche die heiligen Schriften nichts aussagen oder verschiedene Interpretationen erlauben.

In der Gita weist uns der höchste Gott an, generell jede Tat ihm zu weihen: „Was immer du tust, wessen du dich auch erfreust, was immer du opferst, was immer du gibst, wie du dich mit dem Willen der Seele oder durch Anstrengung auch bemühst, weihe stets alles mir." [8]

Damit wissen wir aber noch nicht, wie wir uns in konkreten Situationen zu verhalten haben. Wie erkennen wir im Alltag den Höheren Willen? Ganz einfach: Das Göttliche ist ja auch in uns. In der Seele ist seine Wahrheit verborgen. Nach dem göttlichen Willen zu entscheiden und zu handeln, bedeutet deshalb, das zu tun, *was wir in uns als richtig spüren – also uns selbst zu vertrauen.*

→ „Unser göttlicher Kern" Seite 49

→ Das erläutere ich im Abschnitt über die Innere Stimme noch deutlicher; Seite 107 ff.

Aber dürfen wir allen Ernstes davon ausgehen, dass wir dann immer das Richtige tun? Nur zu gut wissen wir, wie leicht wir uns verführen lassen von unserer Bequemlichkeit, unserem Hang, den Weg des geringsten Widerstandes zu gehen, unserem Widerwillen gegenüber bestimmten Dingen, unseren unersättlichen Begierden, unseren Ängsten, kurz: von allem, was das Ego ausmacht.

Denken wir noch einmal an die Lebensschule: Wir sind auf dieser Welt, um zu lernen und uns weiterzuentwickeln, und das Leben selbst ist unser Lehrer. Es lenkt uns nach den Prinzipien von „learning by doing" (Lernen durch Tun) und „trial and error" (Versuch und Irrtum).

Wie wir auch immer handeln, ob von der Seele geführt oder durch das Ego verführt: Aus den Konsequenzen lernen wir, immer, wenn nicht heute, dann eben morgen. Wir bekommen stets wieder eine neue Chance.

→ Zu Urvertrauen und Selbstwertgefühl komme ich dann in Kapitel VI, Seite 52 ff.

Es ist folglich in jedem Fall gut, auf uns selbst zu hören und das zu tun, was wir spüren. Genau betrachtet, haben wir doch gar keine andere Möglichkeit. Es ist dabei unerlässlich, die Angst vor den Folgen gänzlich zu verlieren. Dazu brauchen wir Urvertrauen und Selbstwertgefühl.

2. Beweggründe und Ziele

Normalerweise tun wir nichts ohne Absicht, wir handeln stets „weil", „um zu", „damit". Ein Motiv liegt den simpelsten Tätigkeiten wie Zähne putzen, Briefe schreiben oder Schuhe anziehen zugrunde. Ebenso edlen Werken: *weil* wir an ein Ideal glauben; *um zu* helfen; *damit* etwas Schönes entsteht. Immer geht es um menschliche Motive im Hinblick auf kurzfristige Ziele, vielfach vom Ego, von seinen Wünschen und Ängsten bestimmt. Doch genau das verbietet die Gita, sie lehnt es ab, dass die Früchte der Taten unseren Antrieb bilden.

Die vom Karma Yoga geforderte Art zu handeln wird manchmal in missverständlicher Weise als *selbstlos* bezeichnet. Dieser Begriff ist in der abendländischen Kultur allerdings mit einer bestimmten Vorstellung besetzt und schnell kommt damit die christliche Nächstenliebe ins Spiel. Man versteht darunter, sich nicht egoistisch zu verhalten, sondern auf das Wohlergehen der Mitmenschen, der Allgemeinheit zu achten. Das ist indes nicht, was die Gita will.

Uneigennützig ist nicht treffender, denn damit wird ebenfalls suggeriert, es sei erwünscht etwas zum Nutzen anderer Menschen zu tun.

Die Gita verlangt von uns vielmehr ein Handeln, mit dem wir weder für andere Menschen noch für uns etwas anstreben, also frei von jeglicher Erwartung auf Ergebnisse. Die aussagekräftigste Bezeichnung dafür ist: *nichtzielgerichtet*.

Doch seien wir realistisch: Im großen Ganzen wird niemand von uns völlig ohne Ziel handeln. Wir gehen arbeiten, *um* Geld zu verdienen; wir joggen, *weil* wir dadurch fit und gesund bleiben; wir treffen Freunde, *damit* wir mit ihnen ein paar frohe Stunden verbringen. Dagegen ist auch nichts einzuwenden, denn wir brauchen Geld für den Lebensunterhalt, wir sollen gut für den Körper sorgen, wir dürfen das Leben genießen. Für jede einzelne unserer Handlungen braucht es schließlich einen Willensimpuls – sonst würden wir morgens nicht einmal aufstehen – und dieser ist nun einmal zielgerichtet.

Unglücklich macht uns nicht das gesteckte Ziel an sich, sondern es nicht zu erreichen. Die Frustration, die Enttäuschung, falls die erhofften Resultate nicht eintreffen, schaffen die Unzufriedenheit. Nicht die Ziele, vielmehr unsere Einstellung müssen wir folglich ändern: Wir streben etwas Bestimmtes an, setzen diesen Willensimpuls gewissermaßen als Energie, die wir aussenden, und dann lassen wir los. Wir machen uns bewusst, dass die Früchte dieses Impulses und unseres Handelns nicht von uns abhängen, sondern so reifen, wie es ein Höherer Wille, der göttliche Plan, bestimmt. Wir vertrauen darauf, dass im richtigen Zeitpunkt alles so eintritt, wie es gut für uns ist, damit wir lernen und uns weiterentwickeln. Wir bemühen uns zwar und lassen uns nicht träge treiben, geben die Erwartungen

> → Zum Gleichmut komme ich auf Seite 89 ff.

aber sofort auf und sind bereit, *jedes* Ergebnis anzunehmen, auch wenn es dem Ego nicht passt. Dazu brauchen wir Gleichmut.

> → Ausführliche Erläuterungen folgen in Kapitel VII, Seite 104 ff.

Die Forderung nach nichtzielgerichtetem Handeln lässt sich bei unseren vielen alltäglichen Aufgaben am einfachsten erfüllen. Dazu beachten wir nur einen simplen Grundsatz: *Wir tun in jedem Augenblick, was gerade zu tun ist, ohne eine Tätigkeit der anderen vorzuziehen.* Es geht darum, uns nicht länger nach dem Prinzip von Lust und Unlust zu richten: Ich lese nicht lieber ein Buch als das Geschirr zu spülen; ich gehe nicht lieber ins Kino als einem Freund beim Umzug zu helfen.

Ist noch nicht ganz klar, wie im Alltag handeln? Ganz konkret? Keine Sorge. Nachdem Sie im nächsten Kapitel einiges über Urvertrauen, Selbstwertgefühl und Gleichmut gelesen haben, wird es für Sie bestimmt bereits verständlicher. Und anschließend folgt noch Kapitel VII, in welchem ich das Handeln auf dem sonnigen Lebensweg nochmals eingehend und praxisbezogen erläutere.

> → „Die spirituelle Verantwortung für unsere Taten" Seite 50 f.

Zunächst noch ein letzter Gedanke: Ist es für uns nicht erleichternd und befreiend zu wissen, dass die Bürde der Verantwortung für unser Tun nicht ausschließlich auf uns lastet? Wir handeln nach unserem Gewissen, wie es unseren Fähigkeiten entspricht und wir es vermögen – doch was daraus entsteht, liegt nicht in unserer Macht. Weder ist es unser Verdienst noch unsere Schuld.

Wörtlich heißt es in der Gita (Krishna spricht zum Krieger Arjuna, als dieser zum Kampf bereitsteht): „Auch ohne dich werden all diese Krieger [...] nicht mehr sein. [...] Durch mich und keinen anderen sind sie bereits erschlagen, werde du nur zum Vollstrecker." [3]

Viele unserer Selbstvorwürfe und Schuldgefühle legen wir ab, haben wir im guten Glauben gehandelt. Auch die Versagensängste entbehren dann jeder Grundlage, es existieren keine Misserfolge, kein Scheitern.

Essenz von Kapitel V

Leben ohne zu handeln ist nicht möglich und auch gar nicht erstrebenswert, doch wir gehorchen bei unseren Taten nicht länger dem Wollen des Ego, sondern der Seele, also dem Höheren Willen.

Nichtzielgerichtet soll deshalb unser Handeln sein: Wir streben weder für uns selbst noch für andere bestimmte Ergebnisse an. Wir tun in jedem Augenblick, was wir als richtig wahrnehmen und was gerade zu tun ist.

Dadurch legen wir die Ergebnisse und damit die Verantwortung in die Hände des Göttlichen.

Was auch immer du tust...

„Quidquid agis, prudenter agas et respice finem", sagt ein lateinisches Weisheitswort: Was auch immer du tust, handle umsichtig und bedenke, wohin es führt.

Dies scheint den Aussagen der Gita und den Forderungen des Karma Yoga zu widersprechen: Handle und denke nicht an die Ergebnisse.

Natürlich meint die Gita damit nicht, wir dürften uns rücksichtslos und egoistisch verhalten. Ebenso wenig ruft sie uns dazu auf, gedankenlos und leichtsinnig zu handeln oder die Augen vor den möglichen Konsequenzen zu verschließen. Eine bedachte, wohlwollende, einfühlsame Haltung den Mitmenschen gegenüber ist im Karma Yoga – wie in jeder spirituellen oder religiösen Lehre – eine grundlegende Selbstverständlichkeit, die nicht besonders erwähnt werden muss.

Auch verschiedene Möglichkeiten in Betracht zu ziehen, Vor- und Nachteile abzuwägen, vorausschauend und umsichtig vorzugehen, will uns die Gita bestimmt nicht ausreden.

Wir sollen stets nach bestem Wissen und Gewissen, verantwortungsvoll handeln, jedoch im Bewusstsein, dass die Ergebnisse letztendlich nicht von uns, sondern von einem Höheren bestimmt werden. Beherzigen wir das, so brauchen wir uns keine Vorwürfe zu machen, wenn die Folgen unserer Taten für Mitmenschen leidvoll ausfallen oder uns selbst in eine schwierige Situation führen. Diese Zuversicht hilft uns ebenfalls, eigenständig zu handeln und uns nicht fremdbestimmen zu lassen, auf uns selbst zu hören und uns selbst zu vertrauen.

Ah ja? *(eine Zen-Geschichte)*

Der Zen-Meister Hakuin wurde von seinen Nachbarn hoch geachtet wegen der Reinheit seines Lebenswandels.

Neben ihm wohnte ein schönes Mädchen. Eines Tages entdeckten ihre Eltern mit Schrecken, dass sie schwanger war, und wurden sehr zornig. Das Mädchen wollte nicht verraten, wer der Vater des Kindes war. Erst als sie dem Druck der Eltern nicht mehr standhalten konnte, gab sie schließlich zu, es sei Hakuin.

Die Eltern eilten wütend zum Haus des Meisters.

„Ah ja?", war alles, was er zur Antwort gab.

Nachdem das Kind zur Welt gekommen war, brachten sie es zu Hakuin, der inzwischen seinen guten Ruf verloren hatte, was ihn nicht weiter kümmerte. Er nahm sich liebevoll des Kindes an.

Nach einem Jahr quälten die Gewissensbisse die junge Mutter so sehr, dass sie ihren Eltern gestand, der wahre Vater sei ein junger Mann, der auf dem Fischmarkt arbeite.

Die Eltern des Mädchens gingen sofort zu Hakuin, baten ihn um Verzeihung und holten das Kind zurück.

Hakuin widersetzte sich nicht. Alles, was er sagte, war: „Ah ja?"

Unser göttlicher Kern

Es existieren verschiedene Vorstellungen, die im Wesentlichen darin übereinstimmen, dass „etwas" in uns – man spricht von Seele, Höherem Selbst, göttlichem Funken – mit dem Göttlichen in irgendeiner Weise verbunden, Teil von ihm ist. Oder dass wir ganz und gar göttlich sind, ohne uns dessen bewusst zu sein.

Nach der Gita ist die Seele der individuelle göttliche Kern in uns, der sich durch die Erfahrungen und Erkenntnisse in irdischen Leben entwickelt und die Vereinigung mit dem Göttlichen anstrebt. In diesem Sinne verstehe ich den Begriff Seele in diesem Buch.

Sie ist demnach unser innerstes, tiefstes Element, das teilhat an der höchsten Wahrheit; allerdings ist es uns verborgen, wir leben vornehmlich im und aus dem Ego. Doch ein Kontakt mit der Seele besteht und äußert sich durch das, was wir „Intuition" oder „Innere Stimme" nennen. Je mehr wir ihr vertrauen beziehungsweise je intensiver wir aus der Seele handeln, umso sicherer und problemloser werden wir durch das Leben geführt, weil wir dadurch dem Höheren Willen gehorchen.

Die spirituelle Verantwortung für unsere Taten

Das Thema „Verantwortung" beschäftigt viele Menschen immer wieder. Sei es, weil es sie belastet, nicht genau zu wissen, wo ihre Verantwortung für andere beginnt und wo sie endet, sei es, dass sie sich mit Schuldgefühlen und Selbstvorwürfen quälen wegen der Folgen ihrer Taten, für die sie sich verantwortlich halten.

Betrachten wir die Frage einmal aus einer höheren Warte. Wie in diesem Buch schon erläutert, hat die Schöpfung, also das ganze Universum, den Sinn sich zu entwickeln; es gibt einen Höheren Willen, der diesen Prozess steuert. Somit beschränkt sich unsere Entscheidungsfreiheit im Prinzip auf zwei Möglichkeiten:
- Entweder wir überantworten unser Handeln und unser Schicksal dem Höheren Willen und fügen uns ihm;
- oder wir entscheiden uns dagegen und versuchen nach dem Wollen des Ego zu verfahren.

Im zweiten Fall haben wir die spirituelle Verantwortung für unsere Taten zu übernehmen und die Konsequenzen zu tragen, die jeweils den Sinn haben, uns zu lehren.

Im ersten Fall hingegen übertragen wir die Verantwortung für die Folgen unseres Handelns sozusagen dem Göttlichen, wir vertrauen uns seiner Lenkung an, also der Lenkung durch unsere Seele. Natürlich haben wir keine Gewähr dafür, dass wir tatsächlich immer nur der wahren Stimme der Seele folgen und uns nicht durch die listige des Ego in die Irre führen lassen. Aber wenn wir nach bestem Wissen und Gewissen handeln und uns bemühen, ist das schon genug, damit die Wirkungen unseres Tuns uns aus spiritueller Sicht nicht belasten. Sie richten sich dann nicht länger nach einer menschlichen Logik und einem menschlichen Verständnis von Gerechtigkeit, nicht nach Belohnung oder Strafe, sondern einzig nach dem Ziel des göttlichen Plans, der die Ereignisse und deren Wirkungen so formt, dass wir selbst – und sämtliche von unserem Handeln Betroffene – innerlich wachsen.

Möchten wir denn nicht alle die Verantwortung abgeben? Jemanden haben, der uns in jedem Augenblick sagt, was wir tun und was wir lassen sollen, vorausgesetzt er besäße die absolute Wahrheit und wüsste, was richtig und was falsch ist? Wie schön, ohne Verantwortung unbekümmert zu handeln! Trotzdem tun wir alles so gut wie möglich – das versteht sich –, allerdings ohne diese ständige Angst, etwas falsch zu machen oder es könnte schiefgehen.

Wir dürfen die Verantwortung für unser Dasein und unser Handeln abgeben – an das Göttliche. Und dann leicht und sorgenlos leben, im Vertrauen, dass daraus schon das Richtige entsteht.

Wie weit reicht unsere Verantwortung?
Wir haben das Recht – und die Pflicht –, *unser* Leben zu leben, indem wir dem Weg folgen, den wir als richtig für uns spüren.

→ Vergleiche „Was auch immer du tust…" Seite 48

Unsere Verantwortung beschränkt sich darauf, in jeder Situation nach bestem Wissen und Gewissen zu entscheiden und zu handeln. Wie sollte sie denn weiter reichen? Mehr können wir doch nicht tun!

Was aus unserem Handeln für uns selbst und andere auch entsteht, es gilt in jedem Fall:
- Unabhängig von unserem Bemühen oder Nichtbemühen geschieht alles, wie der göttliche Wille es bestimmt; deshalb brauchen wir uns nicht mit Selbstvorwürfen und Schuldgefühlen zu quälen.
- Alle Konsequenzen, selbst schmerzhafte, sind nie als Strafe zu verstehen, sondern ausschließlich als Lektion, damit wir und andere Beteiligte Erkenntnisse daraus ziehen und für die Zukunft lernen.

Und wo endet konkret unsere Verantwortung?
Manchmal übernehmen wir die Verantwortung für andere Menschen oder diese versuchen, sie uns aufzubürden. In Wirklichkeit sind wir nicht für sie verantwortlich.

Betroffen sind sie zwar oft durch unsere Entscheidungen und Verhaltensweisen und werfen uns dann vor, egoistisch und die Ursache ihrer Probleme zu sein: „Du bist Schuld, dass ich trinke", „Wenn Sie mir kündigen, bringe ich mich um."

Wir haben jedoch das Recht, für uns selbst zu entscheiden; wie andere darauf reagieren, ist *ihre* freie Entscheidung für ihr Leben, damit haben wir nichts zu tun.

Trenne ich mich beispielsweise von meinem Partner, egal aus welchen Gründen, und er lässt sich völlig gehen, beginnt zu trinken, verliert seine Stelle, endet als Obdachloser oder was auch immer, so trage nicht *ich* die Verantwortung dafür, sondern er allein.

Unabhängig davon wie wir handeln, für einen mündigen Erwachsenen sind wir nie verantwortlich. Hingegen für die Wesen, die nicht selbst dazu in der Lage sind: unsere Kinder, Tiere und Pflanzen, ja auch für die unbelebten Dinge. Zu diesen tragen wir Sorge.

Bitte nicht missverstehen!
Das oben Gesagte stellt keine Legitimation dar, egoistisch oder gewissenlos zu handeln mit dem Hintergedanken „Ich bin ja nicht schuld, ich habe die Verantwortung an das Göttliche übergeben".

Im Gegenteil: Dass wir uns nur dem Göttlichen gegenüber verantwortlich fühlen, sollte uns anspornen, uns stets um ein von Nächstenliebe und Ehrlichkeit geprägtes Handeln zu bemühen.

VI. Die drei Pfeiler des sonnigen Daseins

→ „Die drei Pfeiler des Karma Yoga" Seite 103

Das tragende Fundament, um im Alltag nichtzielgerichtet dem Höheren Willen entsprechend zu handeln und damit die Zufriedenheit zu erlangen, bezeichne ich gern als „die drei Pfeiler des sonnigen Daseins/des Karma Yoga". Es sind dies: Urvertrauen, Selbstwertgefühl und Gleichmut.

1. Urvertrauen

Die Kernaussagen des vorangehenden Kapitels zu verstehen und zu akzeptieren, ist eines, sie in die Tat umzusetzen, etwas anderes. Es ist nicht einfach, unsere Ziele loszulassen. Obwohl unsere Erfahrung uns eines Bessren belehrt, bleibt immer zumindest noch ein Hauch der alten Überzeugung, dass wir mit Zielstrebigkeit, Willensstärke, Bemühen und Beharrlichkeit bestimmte Ergebnisse erlangen.

„Jeder ist seines eigenen Glückes Schmied", sagt das Sprichwort und suggeriert, wir hätten Macht über unser Schicksal. „Wenn ich etwas wirklich will, bekomme ich es auch", hört man zuweilen. Das mag zutreffen. Die Wünsche und die zu ihrer Erfüllung eingesetzte Willenskraft sind eine überaus starke Energie, die sogar Berge versetzt. Doch ob wir dann wahrhaft glücklich sind, wenn der Berg am neuen Ort steht, ist eine andere Frage. Natürlich können

→ „Hindernisse auf dem Weg" Seite 60

wir uns manchmal mit ausreichend Durchsetzungsvermögen und Hartnäckigkeit – man darf es auch Verblendung und Verbissenheit nennen – zu einem anvisierten Ziel durchkämpfen, indem wir alle Hindernisse aus dem Weg räumen. Ist dieses Ziel jedoch für unsere innere Entwicklung von Nachteil, wird die nächste Lektion in der Lebensschule uns belehren. Was wir meinten, für unser Glück unbedingt erreichen zu müssen, stellt sich als zweischneidiges Schwert heraus: Es mag uns eine gewisse Befriedigung schenken, dafür bringt es „Nebenwirkungen" mit sich, die wir nicht in Betracht gezogen hatten und die uns letztendlich unglücklich machen. Möglicherweise erkennen wir aber auch, nachdem wir am ersehnten Ziel angekommen sind, dass es gar nicht so lohnend war; wir sind enttäuscht und ärgern uns, so viel Energie und Zeit darin investiert zu haben. Oder das Erlangte wird uns wieder genommen. Solche Erfahrungen haben wir, blicken wir auf unser Leben zurück, alle schon gemacht.

Halten wir nochmals fest: Die Ergebnisse unseres Handelns stehen grundsätzlich nicht in direktem Verhältnis zu unserem Wollen und Bemühen. Wie schon der weise Chinese Liä Dsi vor über zwei Jahrtausenden wusste:

„Es kommt vor, dass jemand, dem sein Leben wertvoll ist, es trotzdem verliert; jemand, der es verachtet, doch nicht stirbt; jemand, der es liebt, dennoch nicht die Fülle erlangt; jemand, der es unwichtig nimmt, doch nicht Mangel leidet. Das scheint verkehrt, aber es ist nicht verkehrt; vielmehr kommt es daher, dass Leben und Tod, Fülle und Mangel auf sich selbst beruhen. – Es kommt aber auch vor, dass jemand, dem sein Leben wertvoll ist, es behält; jemand, der es verachtet, stirbt; jemand, der es liebt, die Fülle erlangt; jemand, der es unwichtig nimmt, Mangel leidet. Das scheint der gerade Lauf zu sein, aber es ist nicht der gerade Lauf; vielmehr kommt das ebenfalls davon, dass Leben und Tod, Fülle und Mangel auf sich selbst beruhen."

Die erste Eigenschaft, die wir brauchen, um das Ziel unseres Handelns loszulassen, heißt Urvertrauen. Es ist nah mit dem verwandt, was wir im Alltagssprachgebrauch „Optimismus" oder „positive Lebenseinstellung" nennen. Der Optimist glaubt, dass es gut herauskommt, es immer irgendwie geht, in allem auch ein Vorzug liegt, er sieht das halb volle und nicht das halb leere Glas, deutet die Röte am Horizont als Schönwetterbote und nicht als Feuersbrunst, die Schwalbe macht für ihn schon den Frühling und seine Hoffnung stirbt zuletzt. Unter anhaltend widrigen Lebensumständen oder bei aufeinanderfolgenden Schicksalsschlägen gerät sein Optimismus jedoch gern ins Wanken oder verwandelt sich gar in Pessimismus.

Nicht so das Urvertrauen. Es gründet auf dem Glauben, dass das Leben einen Sinn hat, einen höheren; dass das Göttliche um die Menschen, um alle Wesen, um das ganze Universum besorgt ist; und dass es die Geschicke, zumindest in einem gewissen Ausmaß, lenkt und jedem gibt, was er braucht und gut für ihn ist.

Deshalb hilft uns das Urvertrauen, loszulassen und das Leben leichter zu nehmen, in der Zuversicht, dass es ohnehin so kommt, wie es soll. Das hat nichts mit lähmendem Fatalismus zu tun. Im Gegenteil: Mit Urvertrauen sind wir eher bereit zu handeln und einmal etwas zu wagen, da uns nicht die Angst bremst, das Unterfangen könnte misslingen und uns Schaden zufügen.

Darin liegt ein weiterer Unterschied zum Optimismus: Der Optimist wertet. Er sieht zwar vornehmlich das Gute, unterscheidet indes sehr wohl zwischen gut und schlecht und steht deshalb anscheinend sinnlosen Ereignissen wie Unfällen, Verbrechen, Naturkatastrophen, bei denen Unschuldige sterben, oft verständnislos gegenüber.

Anders der Mensch mit Urvertrauen: Er wertet nicht, er weiß, alles ist gleich, das sogenannt Gute ebenso wie das sogenannt Schlechte, denn alles hat einen Sinn. So gelingt es ihm auch leichter, schwere Zeiten, Rückschläge oder Prüfungen des Schicksals ohne Klagen und Hadern hinzunehmen und darin ganz bewusst nach dem zu suchen, was ihn lehrt und weiterbringt.

In der Gita fehlen die Ermutigungen nicht, dem Höheren zu vertrauen und uns ihm hinzugeben. So spricht Krishna, der höchste Gott:

„Ich bin in dieser Welt und überall, ich erhalte dieses Universum mit einem unendlich kleinen Teil meines Selbst." [9]

„Wer überall mich sieht und in mir alles sieht, diesem gehe ich nicht verloren und er geht mir nicht verloren." [10]

„Wenn du mit deinem Herzen und deinem Bewusstsein jederzeit eins mit mir bist, wirst du durch meine Gnade sicher durch jeden schwierigen und gefährlichen Engpass schreiten." [11]

„Entsage allen Lehren und suche Zuflucht allein in mir. Ich werde dich von jeder Sünde und jedem Übel befreien, sei unbesorgt." [12]

„Auf diesem Weg [des Karma Yoga] ist kein Bemühen vergebens, kein Hindernis hat Macht; schon ein klein wenig dieser Lehre befreit von der großen Furcht." [13]

Furcht. Darum geht es letztendlich: uns von den Ängsten zu befreien. Sie sind die größten Hindernisse für ein zufriedenes Leben.

Angst vor Krankheit, vor engen Räumen, dunklen Gassen, vor dem Fliegen, den Job zu verlieren, den finanziellen Verpflichtungen nicht mehr nachzukommen, Angst, uns selbst oder einem geliebten Menschen könnte etwas zustoßen, Angst vor dem Urteil der anderen, Angst, jemandem wehzutun oder selbst eine Verletzung zu erleiden, Angst, eine falsche Entscheidung zu treffen, Todesangst, Höhenangst, Verlustangst, Existenzangst, Angst vor der Angst, ... Unzählig sind die Ängste, die uns plagen. Doch zwei sind es vor allem, die uns beherrschen und uns oft daran hindern, wir selbst zu sein und so zu handeln, wie wir es gern möchten. Die eine ist die Angst, nicht geliebt zu werden; darüber mehr im Abschnitt „Selbstwertgefühl und Selbstliebe" dieses Kapitels.

Die andere ist die Angst vor dem Unbekannten und Ungewissen und somit vor dem Künftigen. Wie bereits erwähnt, unterliegen wir in unserer Verblendung der Illusion, weitgehend selbst über unser Leben bestimmen zu können, dank Planung, Vorausschau, Willenskraft und Einsatz. In unserem Innersten aber wissen wir genau, dass wir keine absolute Macht über das Schicksal besitzen, keine Macht, unsere Zukunft so zu gestalten, wie wir sie uns wünschen. Wir versuchen es zwar und setzen uns für unsere Ziele ein, doch unterschwellig bleibt uns bewusst, dass das Unvorhergesehene alle Vorhaben und Hoffnungen in einem einzigen Augenblick zunichtemachen kann.

Ich selbst habe das schmerzlich erfahren. Ich war mit meinem Partner sechzehn Jahre lang zusammen, während zehn Jahren arbeiteten wir in der eigenen Firma. Unsere Beziehung war ausgesprochen gut, wir liebten uns innig, teilten viele Interessen, reisten in fremde Länder, spielten zusammen Tennis. Wir genossen das Leben und waren glücklich. Für die Zukunft hatten wir eine Menge Pläne geschmiedet; ich war überzeugt, wir würden uns nie trennen und unseren Lebensabend im Süden verbringen. Dann starb er innerhalb von drei Wochen an einer seltenen Krankheit, aus dem blühenden Leben gerissen. Und ich stand plötzlich allein da, mit zerstörten Plänen und ohne Perspektiven.

Unsere mehr oder minder offenkundige Angst vor dem Unbekannten äußert sich unter anderem darin, dass wir Veränderungen scheuen. Das erklärt, warum Menschen in einer unbefriedigenden, ja belastenden Lage verharren. Die bestehende Situation, so unerträglich sie auch ist, kennen sie nämlich, sie sind mit ihr vertraut und sie glauben, damit mehr oder weniger umgehen zu können, wenn auch unter Schmerzen. Jede Veränderung ist hingegen ungewiss in ihrem Ausgang... sie führt auf unbekanntes Terrain... wir wissen nicht, was kommt... wir trauen uns nicht zu, das Neue zu bewältigen... wir fürchten noch größeres Leid...

Alle unsere Ängste, die samt und sonders auf die eine Urangst vor dem Leiden zurückgehen, besiegen wir endgültig nur durch das Urvertrauen, diese bedingungslose Zuversicht, dass unser Leben getragen und gelenkt ist, für uns gesorgt wird. Wie kleine Kinder, die an der Hand der Mutter gehen und nicht daran zweifeln, dass man sie den richtigen Weg führt, sie behütet, ihnen gibt, was sie brauchen.

In der Psychologie geht man davon aus, ein grundlegendes Vertrauen ins Leben werde während der frühesten Kindheit, vielleicht schon in der Embryonalphase, durch eigene Erfahrungen erworben – oder eben nicht.

Spirituell betrachtet ist das Urvertrauen indes in jeder Seele vorhanden als ein Vertrauen ins Göttliche. Weil wir jedoch in der Regel nicht aus der Seele, sondern aus dem Ego leben, nehmen wir es nicht wahr. Wir können es aber in unser Bewusstsein holen durch einen Erkenntnisprozess, der unterschiedlich verläuft, bei den einen lange und beschwerlich, bei den anderen schnell und fast mühelos. Das vollständige Urvertrauen zu finden, bedingt nämlich eine innigere Verbindung zur Seele und das ist, ebenso wie die Gottesverwirklichung, eine Gnade. Dieser Zustand lässt sich nicht erzwingen, sondern nur im stetigen Bemühen anstreben. Irgendwann bekommen wir ihn dann geschenkt.

Es sind zwei grundlegende Einsichten, die wir uns immer wieder bewusst machen müssen, um das Urvertrauen zu stärken:

• *Ich bekomme immer das, was ich brauche und mir guttut.* Unabhängig von meinem Streben und Bemühen, wird mir gegeben, was meine innere Entwicklung fördert, und es wird mir genommen, was sie hemmt. Ich besitze nicht die Macht, etwas zu erreichen, was nicht für mich bestimmt ist. Dies auf lange Sicht betrachtet, denn bei einem im wahren Sinne des Wortes kurzsichtigen Blickwinkel erhalte ich mitunter, was ich will – doch nur als Erkenntnislektion. Steht es nämlich meinem Lebensziel entgegen, so geht es mir wieder verloren oder wird mich unglücklich machen, sodass ich einen anderen Weg einschlage.

→ „Sich nicht dem Fatalismus hingeben" Seite 60

- *Es kann mir nichts geschehen, was nicht gut für mich ist.* Alles, was mir zustößt, verfolgt einzig den Zweck, mich zu lehren, mir neue Erkenntnisse zu vermitteln, meine innere Entwicklung zu fördern. Dabei sind alle und alles meine Lehrer in dieser Lebensschule. Kein Mensch, keine Naturgewalt, kein Lebewesen besitzt die Macht, mir etwas anzutun, falls es nicht sein darf und meinem individuellen Lernprozess zuwiderläuft. Und wie sehr ich auch versuche, etwas zu meiden oder zu fliehen, ich kann nichts abwenden, was für mich bestimmt ist. Ich darf aber ebenfalls darauf vertrauen, dass mir nie mehr aufgebürdet wird, als ich zu tragen vermag.

Beherzigen wir diese beiden Grundsätze: Worüber sollten wir uns Sorgen machen? Und wovor uns fürchten? Es besteht kein Grund dazu. *Es kommt ohnehin immer so, wie es gut für uns ist.*

Schauen wir noch aus einer anderen Perspektive auf unsere Ängste, so erkennen wir, dass ihnen oft Wünsche zugrunde liegen, mit anderen Worten wiederum das zielgerichtete Handeln. Wir wollen etwas, das wir als wichtig für unser Glück erachten, beispielsweise einen sicheren Arbeitsplatz, Gesundheit, einen liebevollen Partner, Familie, abgesehen von den vielen kleinen materiellen Begierden, ein schönes Haus, ein Auto und unzählige mehr. Die Konsequenz dieser Wünsche ist die Angst: Solange wir das Ersehnte noch nicht haben, plagt uns die Angst, es nicht zu bekommen; sobald wir es besitzen, leiden wir unter der Angst, es wieder zu verlieren. Der einzige Ausweg ist, die Wünsche, also die Ergebnisse des Handelns loszulassen: dankbar sein für alles, was uns zufällt, und nicht hadern, wenn es uns nicht gegeben oder wieder genommen wird.

→ „Von den Ängsten und Wünschen zum Urvertrauen" Seite 60

Was können wir denn ganz konkret tun, um das Urvertrauen in uns zu finden und zu festigen?

Zum einen rufen wir uns die beiden zuvor erwähnten Einsichten immer wieder in Erinnerung; wir schreiben sie beispielsweise auf ein großes Blatt Papier und hängen es an einem Ort auf, wo wir es häufig sehen, am Küchenschrank, innen an der Toilettentür, am Arbeitsplatz. Und/oder wir notieren sie uns auf einen kleinen Zettel, den wir in der Brieftasche mit uns tragen, und holen ihn hervor, wenn wir auf den Bus warten, in der Kaffeepause oder sonst einen Augenblick der Muße genießen.

Andrerseits achten wir darauf, uns im Alltagsleben entsprechend zu verhalten:
- Jedes Mal, wenn mir etwas widerfährt, das ich nicht mag (auch bei banalen Begebenheiten), mache ich mir bewusst: „Es hat bestimmt einen Sinn, auch wenn ich ihn nicht augenblicklich sehe. Ich akzeptiere es. Was kann ich daraus lernen?" Zudem: „Es ist doch nicht so wichtig. Ich habe getan, was ich konnte, nun ist es eben anders herausgekommen, es ist gut, wie es ist. Ich vertraue darauf, dass es für mich und alle Beteiligten das Richtige ist."
- Jedes Mal, wenn ein Ereignis mir gefällt, fühle ich Dankbarkeit und mache mir bewusst: „Es hat bestimmt einen Sinn, auch wenn ich ihn nicht augenblicklich sehe. Ich nehme es dankbar an. Was kann ich daraus lernen?" Und: „Es ist im Grunde nicht so wichtig, es wäre ebenfalls gut, hätte es sich anders ergeben."
- Ich begebe mich in jede Situation, vor allem in solche, vor denen ich mich fürchte, die mir unangenehm sind, deren Folgen ich nicht abschätzen kann, mit der Überzeugung: „Egal wie es kommt, es ist gut, es ist das Richtige für mich. Ich werde daraus neue Erkenntnisse gewinnen, die mich in meiner Entwicklung voranbringen. Wie es auch ausgeht, ich mache niemanden dafür verantwortlich, weder mich noch andere Menschen oder die Umstände; ich verzichte auf jede Schuldzuweisung im Bewusstsein, dass nur geschehen kann, was für mich bestimmt ist."
- Jedes Mal, wenn Wünsche in mir aufkommen, relativiere ich sie, messe ihnen nicht mehr eine solch große Bedeutung zu: Ist es denn wirklich so wichtig, ob ich dieses oder jenes

besitze? Ist es denn wirklich so wichtig, ob ich dieses oder jenes Ziel erreiche?
- Ich lerne, mit meinen konkreten Ängsten umzugehen, vor allem indem ich mich über sie hinwegsetze, und baue sie nach und nach ab.

→ „Handeln trotz Angst" Seite 61

Zudem arbeiten wir mit Techniken, die uns helfen, unser Unbewusstes, in welchem viele Ängste gespeichert sind, zu verändern:
- Ich praktiziere Imaginationen zum Urvertrauen.
- Ich verwende Affirmationen für Urvertrauen.

→ „Imagination für Urvertrauen" Seite 62

→ „Affirmationen für Urvertrauen", Seite 63

Das Urvertrauen ist einer der drei Pfeiler, die uns erlauben, im Sinne des Karma Yoga zu handeln und dadurch unser Leben auf der Sonnenseite zu verbringen. Wäre unser Urvertrauen absolut, bräuchten wir nichts anderes. Doch in der Praxis zeigt sich, dass es einfacher ist, daran zu arbeiten und es zu erlangen oder zu stärken, wenn wir über ein gesundes Selbstwertgefühl verfügen, was leider vielen Menschen fehlt. Deshalb ist der nächste Abschnitt dieses Kapitels zum Thema „Selbstwertgefühl und Selbstliebe" besonders umfangreich und ausführlich.

Essenz des Abschnitts „Urvertrauen"

Das Urvertrauen ist die erste der Eigenschaften, die wir auf dem Weg des Karma Yoga und für ein zufriedenes Leben benötigen. Nur mit Urvertrauen gelingt es uns, die vielen Ängste ein für alle Mal zu besiegen.

Es gründet auf der Erkenntnis, dass wir in unserem Dasein geführt und getragen sind, stets bekommen, was wir brauchen, uns nichts zustößt, was am Ende nicht gut für uns ist – wir aber auch nichts erlangen können, was uns nicht bestimmt ist, unabhängig davon, wie sehr wir uns bemühen.

Im Alltag machen wir uns diese Grundsätze immer wieder bewusst und praktizieren sie bei allen Begebenheiten, die uns unangenehm oder angenehm sind; mit dieser Zuversicht gehen wir in jede bevorstehende Situation hinein.

Hindernisse auf dem Weg

Manchmal treten bei geplanten Vorhaben Schwierigkeiten auf: Sollen wir dann aufgeben oder für unsere Ziele kämpfen?

Es ist eine Gratwanderung zu erkennen, ob ein Hindernis in unserem Weg steht, damit wir es überwinden und dadurch erstarken, oder ob uns ein Hindernis in den Weg gelegt wird, um uns umzuleiten, weil wir gerade nicht auf dem richtigen Pfad wandern.

In solchen Fällen gibt es nur eine Lösung: auf die Innere Stimme hören, versuchen das Ego, das Wollen, die Wünsche, die Ängste auszuschalten, einen Schritt zurücktreten und sozusagen von außen genau hinschauen, spüren, worin die jeweilige Aufgabe besteht, welche die im Moment zu lernende Lektion ist.

Sich nicht dem Fatalismus hingeben

Falls Sie sich durch die beiden Einsichten zum Urvertrauen auf Seite 56 f. zu lähmendem Fatalismus getrieben fühlen und Sie sich fragen, wozu Sie denn noch handeln sollen: Die Aussagen sind keinesfalls so gemeint. Deshalb will ich hier auf einige Stellen in diesem Buch verweisen, in denen der Sachverhalt erläutert wird:
- Seite 39 über die Vorbestimmung
- Abschnitt „Beweggründe und Ziele", Seite 44 ff.
- erster Absatz Seite 54
- letzter Absatz Seite 117
- die beiden letzten Absätze Seite 92.

Von den Ängsten und Wünschen zum Urvertrauen

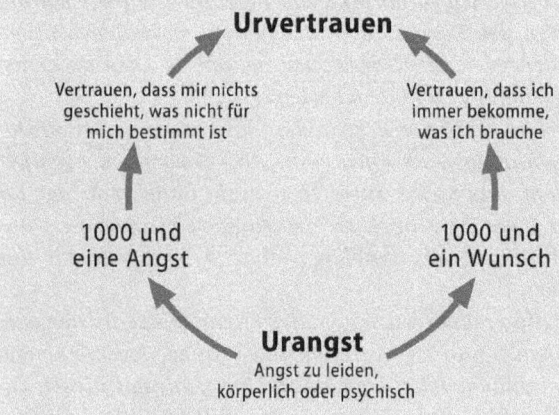

Handeln trotz Angst

Ängste sind wie Kletten, man kann sie nicht einfach abschütteln. Selbst wenn der Verstand uns sagt, eine bestimmte Furcht sei völlig unbegründet, selbst wenn wir sie mit Überzeugung bekämpfen, so leicht werden wir sie nicht los. Es gibt in der Tat nur eine Methode, mit einer bestimmten Angst umzugehen, damit sie mit der Zeit vollständig verschwindet: „Wenn du etwas nicht *ohne* Angst tun kannst, dann tue es eben *mit* Angst – aber tue es!" Wir dürfen uns von ihr nicht von unserem Vorhaben abbringen lassen, sondern setzen uns über sie hinweg. Wir betrachten die Angst lächelnd als gute Bekannte, die uns für eine Weile stumm begleitet. Mit der Zeit schaffen wir es dann, sie wegzuschicken, oder sie verlässt uns wie von selbst, beinahe unbemerkt.

Unser Problem dabei ist, dass wir das Leiden fürchten, das eine Tat uns „eventuell, vielleicht, möglicherweise, wenn es schlecht läuft" bringen könnte. Auch um in dieser Hinsicht einen Entwicklungsschritt zu weniger Angst und in Richtung Urvertrauen zu machen, gibt es nur eines: das eventuelle Leiden in Kauf zu nehmen.

In unserer Zeit und Kultur wird das Leiden nicht akzeptiert, wir versuchen es zu fliehen und zu betäuben, wir betrachten es als etwas Negatives, absolut Unerwünschtes. Wir wollen vergessen, dass es zum Leben gehört, und haben verlernt, damit umzugehen. Damit umgehen heißt: Das Leiden als gegeben annehmen und es einfach aushalten. (Ich meine damit nicht körperliche Schmerzen, denn diese brauchen wir nicht zu ertragen, lassen sie sich durch Medikamente beseitigen.)

Schauen wir den Umgang mit dem Leiden nüchtern an:

Ich fühle mich verletzt oder habe einen Verlust erlitten oder bin in finanzieller Not oder ich habe Angst oder ... ⇨ Es tut weh, in mir drinnen. ⇨ Ja, es tut weh – na und? Dann tut es eben weh... ich weiß, es geht vorbei... ich weiß, es wird mich zu Erkenntnissen führen... ich weiß, es gehört zum Leben... ⇨ Ich blicke dem Schmerz ins Gesicht, ich verdränge ihn nicht, meide ihn nicht. Ich schaue ihn an, wie er ist, nehme ihn wahr... Manchmal verschwindet er allein durch diese tapfere Konfrontation oder schwächt sich wenigstens ab. ⇨ Und sonst halte ich ihn weiterhin aus, bis ich zur Erkenntnis gelange, er sei überflüssig.

Sind wir bereit, das Risiko eines möglichen Leidens einzugehen – weil wir uns vor „ein bisschen Schmerz" nicht fürchten –, verschwinden viele unserer Ängste.

Imagination für Urvertrauen

Lesen Sie die nachfolgende Anleitung zuerst ganz durch und merken Sie sich den Grundablauf und die wesentlichen Punkte.

Wenn Sie dann mit der Imagination beginnen, folgen Sie den inneren Bildern, die auftauchen, blocken Sie diese nicht ab, beobachten Sie, erleben Sie. Auch wenn Sie sich nicht mehr an alle Einzelheiten erinnern, die Sie sich vorher eingeprägt haben, lassen Sie sich ruhig vom Ablauf Ihrer eigenen Geschichte leiten.

Setzen Sie sich in achtsamer, aufrechter Haltung bequem hin, auf einen Stuhl oder am Boden auf ein Kissen, sodass Ihnen wohl ist und nichts wehtut.

Schließen Sie die Augen, spüren Sie die Ruhe im Raum und in sich. Atmen Sie einige Male tief in den Bauch.

Machen Sie sich Ihre Bereitschaft bewusst, sich auf eine innere Erfahrung einzulassen, und freuen Sie sich darauf, Neues zu erkennen.

Ablauf der Imagination
- Ich stehe auf einem schmalen, steinigen Weg, es ist Nacht. Ich fühle mich sicher und geborgen, spüre die Ruhe um mich und in mir.
- Ich habe diesen Weg zu gehen, aber es ist stockdunkel, ich sehe nichts, doch ich vertraue in die höhere Führung. Da fällt ein Lichtstrahl auf den Weg unmittelbar vor mir, nur gerade auf den nächsten halben Meter, alles andere vor, hinter und neben mir bleibt im Dunkeln. Vertrauensvoll gehe ich einen Schritt vorwärts auf die erleuchtete Stelle.
- Da wandert der Lichtstrahl einen halben Meter weiter und beleuchtet wiederum nur gerade meinen nächsten Schritt, und wiederum mache ich diesen Schritt voller Vertrauen. So geht es immer weiter, immer sehe ich nur gerade den nächsten Schritt. Das genügt mir, ich fühle mich sicher, geführt vom göttlichen Licht.
- Ich gehe eine ganze Weile, so lange ich mag… und ich fühle mich wohl und geborgen, genieße den Frieden und die Zuversicht in mir.
- Möchte ich die Erfahrung beenden oder beginnt sie zu verblassen, atme ich tief in den Bauch, öffne die Augen, bleibe noch einen Moment regungslos, schaue dann um mich, spüre meinen Körper und bewege mich langsam.

Affirmationen für Urvertrauen

- *Ich weiß, dass ich alles bekomme, was gut für mich ist*
- *Alles, was ich brauche, wird mir gegeben*
- *Der göttliche Plan für mich erfüllt sich, ich lasse ihn zu*
- *Ich weiß, dass alles, was geschieht, einen Sinn hat*
- *Ich vertraue in die höhere Vorsehung*
- *Ich habe das Vertrauen, jede Situation anzugehen*
- *Ich gehe meinen Weg mit Mut, Kraft und Vertrauen*
- *Ich vertraue in die göttliche Weisheit, die mich führt*
- *Meine Zukunft ist voller Licht und Freude*
- *Ich freue mich auf jeden Tag, was er mir auch immer bringt*

Bei Affirmationen handelt es sich um eine Form der Autosuggestion; damit können wir hinderliche Muster des Unbewussten durch neue Überzeugungen und Verhaltensweisen ersetzen.

- Wählen Sie von den vorgeschlagenen Affirmationen eine aus, die Sie anspricht. Sie dürfen den Satz im Wortlaut ändern, wenn andere Begriffe Ihnen eher zusagen, oder eigene Affirmationen formulieren. Beachten Sie dabei zwei Grundregeln:

– Bilden Sie keine verneinten Sätze (Sätze, in denen *nicht, nie, kein* und andere Verneinungen vorkommen) und auch keine mit Begriffen negativer Bedeutung. Sagen Sie also nicht: „Ich habe *keine Angst* vor der Zukunft". Sondern: „Meine Zukunft ist voller Licht und Freude" oder „Ich schreite mutig und zuversichtlich in die Zukunft." Negative Begriffe erwecken nämlich eine negative Emotion in Ihnen, und das wirkt kontraproduktiv; Affirmationen sollen stets schöne, beglückende, positive Dinge aussagen.

– Die Affirmation muss den angestrebten Zustand in der Gegenwart und als Tatsache ausdrücken (nicht in der Zukunft oder als Wunsch). Sagen Sie also nicht: „Ich *werde* in die höhere Vorsehung vertrauen" oder „Ich *möchte* in die höhere Vorsehung vertrauen". Sondern: „Ich *vertraue* in die höhere Vorsehung."

- Wiederholen Sie am Abend unmittelbar vor dem Einschlafen die Affirmation zehn- bis zwanzigmal, am besten halblaut, damit sie ebenfalls über den Gehörsinn ins Unbewusste eingeht, langsam und monoton wie eine Litanei. Wenn Sie mögen, fahren Sie in Gedanken damit fort, bis Sie einschlafen. Am Morgen, gleich nach dem Aufwachen, tun Sie das Gleiche.

- Sie können die Affirmation auch tagsüber überall und jederzeit rezitieren, etwa bei einem Spaziergang, beim Autofahren oder während des Kochens.

- Die gewählte Affirmation behalten Sie über mehrere Wochen bis Monate bei; dann dürfen Sie eine neue aussuchen.

> → Wegweisend, um Selbstwertgefühl und Selbstliebe aufzubauen und zu stärken, sind meine beiden Bücher zu diesem Thema, siehe Hinweis auf Seite 136.

2. Selbstwertgefühl und Selbstliebe

Überaus machtvoll und einengend ist unsere Angst, nicht geliebt zu werden. Sie beruht unter anderem auf einem Mangel an Selbstliebe, der auf ein geringes Selbstwertgefühl zurückzuführen ist. Aber was ist denn dieses Selbstwertgefühl, das für unsere Zufriedenheit so unerlässlich ist?

In der Regel begründen wir unseren Selbstwert auf dem Wert, den wir in den Augen der Mitmenschen zu haben meinen. Diese vermitteln uns ihr Urteil bewusst oder unbewusst, ausdrücklich oder indirekt. Die angewandten Bewertungsparameter sind jedoch unterschiedlich: Intelligenz, Schönheit, Leistung, Charaktereigenschaften, Reichtum, Macht und mehr. Ebenso unterschiedlich ist die individuelle Skala. Hält der eine Reichtum für wertvoll, so misst ihm ein anderer kaum eine Bedeutung bei. Sieht der eine in der intellektuellen Bildung ein Plus, so erkennt ein anderer es in der Herzensbildung. Was der eine als „sehr schön" beurteilt, ist für einen anderen „ziemlich schön", für einen dritten „nicht besonders schön". Analoges gilt für Wesenszüge wie Fröhlichkeit und Geduld oder für die Qualität und Menge der geleisteten Arbeit und für vieles mehr. Mit anderen Worten: Unabhängig davon, wie schön, intelligent, reich, mächtig, integer, leistungsfähig wir sind, nie werden alle Menschen uns die gleiche „Wertnote" erteilen. Ganz abgesehen von irrationalen Maßstäben: Für den Liebenden ist die Geliebte die Schönste und Beste!

Auf den Wert, den uns die anderen zugestehen, ist folglich kein Verlass. Zumal sie uns nicht selten für das schätzen, was ihnen selbst fehlt, und uns bevorzugt nach dem Wert beurteilen, den wir für sie persönlich darstellen: wie freundlich und hilfsbereit wir uns ihnen gegenüber verhalten, wie sehr wir sie an unserem Reichtum und unserer Macht teilhaben lassen, welche übrigen Vorteile sie sich von uns versprechen, auch ob wir sie in ihrem Selbstwert stärken, sie lieben, uns ihrem Willen unterwerfen.

> → „Kindliche Prägungen und Muster" Seite 82

Müssen wir uns also selbst bewerten, ohne uns auf andere abzustützen? Sind wir dazu überhaupt in der Lage? Unsere Eigenbewertung ist ebenso wenig objektiv wie die der Mitmenschen. Sie beruht nämlich auf den Kriterien, die man uns als Kinder „einprogrammiert" hat, also auf denjenigen unserer damaligen Autoritäts- und Bezugspersonen.

Generell fühlen sich Frauen wie Männer selbstbewusster, wenn sie sich für gut aussehend halten; selbstsicherer, wenn sie reich und mächtig sind; sie zeigen mehr Selbstvertrauen, wenn sie von ihren Fähigkeiten und ihren Leistungen überzeugt sind. Aber sind Selbstbewusstsein, Selbstsicherheit und Selbstvertrauen tatsächlich mit Selbstwertgefühl gleichzusetzen? Ja und nein. Es sind in der Tat nur Nuancen, die zwischen den Bedeutungen liegen.

→ „Selbstwertgefühl & Co." Seite 83

Wie auch immer: Es sind niemals irgendwelche Eigenschaften, die uns einen Wert verleihen. *Ich bin wertvoll an sich, allein dadurch, dass ich ein menschliches Wesen bin, allein, weil ich existiere.* Kein Vorzug, nicht einmal der edelste, kann mir mehr Wert verleihen, als ich von Natur aus besitze, und kein Makel, nicht einmal der abscheulichste, kann meinen Wert vermindern, nicht um ein My.

Beziehen wir jedoch unseren Wert von Äußerlichkeiten, wie Eigenschaften, Besitz, Leistung oder Verhalten, braucht es nicht viel, dieses vermeintliche, unechte Selbstwertgefühl zu schwächen oder zu zerstören. Es genügen ein paar missbilligende Bemerkungen der Eltern, des Partners, des Chefs, der Kollegen. Die Vermutung, nicht geschätzt oder akzeptiert zu sein, reicht schon aus, damit wir uns schlecht fühlen. Ein Tuscheln hinter unserem Rücken, ein verächtlicher Blick – und unser Selbstbewusstsein schwindet. Mehrere Absagen auf Stellenbewerbungen – und das Selbstvertrauen ist dahin. Die Untreue des Partners – und die Selbstsicherheit ist am Boden zerstört. All dies zusammen innerhalb kurzer Zeit – und wir haben überhaupt kein Selbstwertgefühl mehr, halten uns für völlig wertlos, für unwürdige Würmer, die niemand liebt. Auch wir nicht.

Wem das echte Selbstwertgefühl fehlt, liebt sich selbst nicht. Wer sich nicht selbst liebt, muss sich von anderen lieben lassen, denn ohne Liebe können wir nicht leben. Das bedeutet: Sind wir auf die Liebe anderer angewiesen, machen wir uns von ihnen abhängig, wir sind ihrem Wohlwollen ausgeliefert und ihrer Willkür. Wir leben in der ständigen Angst, ihre Liebe zu verlieren, und damit dies ja nicht geschieht, passen wir uns an, geben nach bis dahin, uns selbst untreu zu werden und unsere eigenen Bedürfnisse zu missachten.

Schon als Kind lernen wir nämlich, dass wir sogenannte Liebe bekommen, wenn wir uns verhalten, wie die Autoritätspersonen (Eltern, Lehrer und andere) es von uns erwarten. Wir werden meistens nicht dazu erzogen, uns selbst, unsere Seele, zu leben, sondern den Geboten, Normen und Regeln zu folgen, die man uns eintrichtert. Halten wir uns nicht daran, befürchten wir, die Liebe der Bezugspersonen zu verlieren. Deshalb treten wir auch später dem Partner, dem Chef, den Kollegen, den Freunden und anderen Menschen, oft sogar den eigenen Kindern gegenüber so auf, wie wir glauben, dass sie es erwarten. Aber diese Diskrepanz zwischen dem, was unsere Seele will, und unserem erzwungenen Verhalten tut uns nicht gut und macht uns unglücklich.

→ Die wahre Liebesbeziehung ohne Forderungen und Erwartungen ist das Thema meines Buches „Liebe ist kein Deal"; Info siehe Seite 137.

Im Grunde genommen möchten wir alle so geliebt werden, wie wir sind, ohne fortwährend eine Maske der Angepasstheit und der Unterwürfigkeit vorzeigen zu müssen, einfach geliebt werden, unabhängig von unserem Handeln und unseren Eigenschaften. Von den Mitmenschen bekommen wir diese wahre Liebe aber für gewöhnlich nicht. Sie lieben, wie sie es vermögen und gelernt haben, also unvollkommen, an Voraussetzungen geknüpft und mit Auflagen behaftet. Deshalb müssen wir uns selbst lieben.

Mich selbst lieben heißt: Ich nehme mich an, wie ich bin, und ich liebe mich *bedingungslos* und *vorbehaltlos* im wahren Sinne des Wortes: ohne Bedingungen und ohne Vorbehalte. Was und wie viel ich besitze und leiste, ob ich schön, intelligent, gesund, ehrlich bin, gut oder böse, mutig oder feige, fleißig oder faul, nützlich für meine Mitmenschen und die Gesellschaft oder ein Schmarotzer, *ich akzeptiere mich und ich liebe mich.*

Jetzt stellt sich die Frage: Wie mache ich das, ganz praktisch? Oder: Wie merke ich, ob ich mich liebe oder nicht?

Schmetterlinge im Bauch, Wärme im Herzen, Nähe und Vertrautheit, Sehnsucht und Vermissen: Unsere Liebe für andere Menschen spüren wir, durch Worte und Taten drücken wir sie aus. Für uns selbst hingegen haben wir keine entsprechenden Empfindungen und Äußerungen. Das ist normal und besagt nichts, denn solche klaren Merkmale gibt es nicht für die Selbstliebe. Umgekehrt ist es recht einfach, das Fehlen von Selbstliebe und Selbstwertgefühl anhand unserer alltäglichen Verhaltensweisen auszumachen.

In der Tabelle auf der nächsten Doppelseite sind viele davon aufgeführt, und Sie können herausfinden, wie es um Ihr Selbstwertgefühl und Ihre Selbstliebe steht. Seien Sie ehrlich zu sich selbst – aber ohne sich zu verurteilen! – und setzen Sie jeweils an einer beliebigen Position zwischen *nie* und *oft* ein Kreuz. Es versteht sich, dass die Liste nicht abschließend ist und dass es für Ihre Antworten keine Noten oder Punkte gibt und schon gar keine Bewertung. Die erste Voraussetzung für die Selbstliebe ist ja, *uns selbst so anzunehmen und zu lieben, wie wir sind*. Egal wie wir sind, egal wie viele sogenannte Fehler wir haben.

Das geht so weit, dass wenn wir beispielsweise nicht Nein sagen können und uns deshalb von anderen ausnutzen lassen, es so absolut in Ordnung ist, solange wir uns mit dieser Eigenschaft akzeptieren, vollständig akzeptieren. Nicht selten empfinden wir es nämlich nur als Makel, weil andere Menschen uns immer wieder darauf aufmerksam machen und uns dazu drängen, uns endlich zu wehren. Deshalb beginnen wir, darin ein Problem zu sehen, und wir möchten nicht mehr so sein; schaffen wir es dann nicht, andere abzuweisen und uns abzugrenzen, fühlen wir uns frustriert oder ärgern uns über uns selbst. Jede Selbstveränderung beginnt jedoch damit, dass wir uns erst einmal *mit* der Eigenschaft, die wir loswerden wollen, akzeptieren, ja liebevoll darüber lächeln: „Ich kann nicht Nein sagen. Aber ich bin ok so, genau so wie ich bin."

Dann können wir beginnen, an uns zu arbeiten, ganz gemächlich, Schritt für Schritt. Nehmen wir uns zuerst an und lieben uns, wie wir sind, so werden wir uns auch keine Vorwürfe machen, wenn wir die guten Vorsätze, uns zu ändern, nicht immer halten und die Bemühungen nicht sofort fruchten. Verhaltensmuster sind nämlich fest in uns eingraviert und lassen sich nicht von einem Tag auf den anderen löschen, schon gar nicht durch bloße Erkenntnis und weil „ich das jetzt so will".

→ „Veränderung von Verhaltensmustern" Seite 84 f.

Verhaltensweise	nie	oft
1. Kategorie		
Fühle ich mich schlecht, wenn ich einen sogenannten Misserfolg erleide (beruflich oder persönlich)?		
Bin ich perfektionistisch?		
Erwarte ich (zu) viel von mir oder verurteile ich mich, wenn ich meine Erwartungen nicht erfülle?		
Fühle ich mich gewissen Menschen unterlegen?		
Lehne ich angebotene Hilfe ab oder scheue ich mich, um Hilfe zu bitten, obwohl ich sie bräuchte?		
Handle ich nicht so, wie ich es möchte, aus Angst, jemanden zu enttäuschen oder seine Anerkennung zu verlieren?		
Traue ich mich nicht, Nein zu sagen, aus Angst, jemanden zu enttäuschen?		
Mache ich mir Vorwürfe oder habe ich Schuldgefühle, wenn ich etwas gesagt/getan habe, das einem Mitmenschen nicht gefällt oder ihn verärgert?		
Gehe ich Konflikten aus dem Weg?		
Traue ich mich nicht, eine berechtigte Reklamation oder Kritik anzubringen?		
2. Kategorie		
Schäme ich mich, wenn ich etwas nicht weiß/kann?		
Scheue ich mich Fragen zu stellen oder Kommentare abzugeben, weil ich mich nicht bloßstellen will?		
Fühle ich mich schlecht oder schuldig, wenn jemand mich tadelt, verurteilt, angreift?		
Fühle ich mich in gewissen Umgebungen oder mit bestimmten Menschen unsicher, bin ich in Gesellschaft gehemmt, blockiert?		
Fühle ich mich unsicher, wenn ich nicht tadellos gekleidet, geschminkt, frisiert bin?		
Zeige ich mich immer gut gelaunt und fröhlich, auch wenn mir nicht danach ist?		
Bin ich Fremden gegenüber schüchtern?		
Erkläre, begründe oder rechtfertige ich ungefragt meine Entscheidungen und Taten?		
Lüge ich aus Angst?		
3. Kategorie		
Schweige ich aus Angst, einem Menschen wehzutun und seine Liebe zu verlieren?		
Tue ich, um die Liebe eines Menschen nicht zu verlieren, Dinge, die ich nicht tun möchte?		

Verhaltensweise	nie	oft	
Lasse ich mich emotional erpressen? („Wenn du mich liebst, dann tust du…" / „Du liebst mich nicht, sonst würdest du nicht…")			3. Kategorie
Lebe ich in Angst, einen geliebten Menschen zu verlieren, oder bin ich eifersüchtig?			
Traue ich mich nicht, Nein zu sagen, aus Angst, die Zuneigung eines Menschen zu verlieren?			
Schmolle oder trotze ich, wenn mein Partner* mich zu wenig beachtet?			4. Kategorie
Versuche ich, meinem Partner* Schuldgefühle zu machen, u.a. indem ich auch alte Sünden erwähne?			
Spiele ich gern den Märtyrer oder das Opfer („Wegen dir habe ich darauf verzichtet")?			
Versuche ich, mir die Liebe meines Partners* zu erkaufen, indem ich seine Bedürfnisse befriedige?			
Missachte ich meine eigenen Bedürfnisse zugunsten anderer Menschen?			
Fühle ich mich minderwertig oder nutzlos, wenn ich nicht gebraucht werde?			
Suche ich mir immer wieder neue Aufgaben, beispielsweise in Vereinen, obwohl ich mit Beruf, Familie, Hobbys schon ausgelastet bin?			
Bin ich verärgert, enttäuscht oder fühle mich zurückgewiesen, wenn jemand meinen Rat nicht befolgt?			5. Kategorie
Bin ich beleidigt, frustriert oder verletzt, wenn jemand die von mir angebotene Hilfe nicht annimmt?			
Kann ich nicht Nein sagen, wenn jemand meine Hilfe braucht und mich darum bittet?			
Bin ich enttäuscht, wenn meine Hilfe nicht gebührend gewürdigt oder verdankt wird?			
Bin ich das, was man einen aufopfernden Menschen nennt?			
Bin ich überheblich oder besserwisserisch?			
Reagiere ich auf Kritik abweisend oder aggressiv?			
Prahle ich oder übertreibe ich maßlos, wenn ich etwas über mich erzähle?			6. Kategorie
Berichte ich äußerst gern darüber, was ich gut kann, dass andere mich gelobt hätten, mich bewunderten?			
Versuche ich mit meinen Aussagen, andere zu erniedrigen, zu demütigen oder abzuwerten?			

* Bei allen Fragen, in denen hier der Partner genannt ist, kann es auch um andere geliebte Menschen gehen, wie Eltern, Kinder, enge Freunde, …

→ Die Liste der Verhaltensweisen ist in meinem Buch „Ich liebe mich selbst und mache mich glücklich" noch ausgedehnter; Info Seite 136.

Die Verhaltensweisen der Liste auf der vorangehenden Doppelseite, die auf ein schwaches Selbstwertgefühl und mangelnde Selbstliebe hinweisen, lassen sich in Kategorien einteilen und so etwas näher erläutern.

1. Kategorie: gnadenlose Eigenbewertung
Ich fühle mich schlecht, wenn ich einen sogenannten Misserfolg erleide (beruflich oder persönlich). • Ich bin perfektionistisch. • Ich erwarte (zu) viel von mir oder verurteile mich, wenn ich meine Erwartungen nicht erfülle. • Gewissen Menschen fühle ich mich unterlegen.• Ich lehne angebotene Hilfe ab oder scheue mich, um Hilfe zu bitten, obwohl ich sie bräuchte.

Diese Verhaltensweisen deuten darauf hin, dass wir uns selbst streng bewerten und äußerst hohe Maßstäbe anlegen. Wir wollen vollkommen sein – wir meinen, es sein zu müssen. Deshalb lehnen wir auch angebotene Unterstützung ab oder bitten nicht gern um Hilfe: „Ich schaffe das allein."

Das rührt oft aus der Kindheit, wenn Eltern, Lehrer oder andere Bezugspersonen stets (zu) viel von uns erwarteten und wir ihren Ansprüchen nie genügten. Manchmal bekamen wir dann zu hören, aus uns werde nie etwas, wir seien dumm, unfähig, faul.

Aber auch im umgekehrten Fall, wenn sie uns ermunterten („Du kannst es schon!", „Versuch es, das schaffst du!", „Jetzt bist du groß genug für ..."), wirkte sich das möglicherweise negativ auf unser Selbstwertgefühl aus. Die Erwachsenen wollten uns damit zwar zeigen, dass sie uns etwas zutrauten und an uns glaubten. Doch was, wenn wir, als unsichere und vielleicht ängstliche Kinder, es trotzdem nicht wagten oder nicht konnten? Kamen wir uns da nicht als Versager vor? Und wuchsen nicht die eigenen Anforderungen an uns selbst immer mehr: „Alle denken, dass ich das kann. Ich muss es jetzt schaffen."? Bis hin zu einem Vollkommenheitsanspruch, dem wir nie und nimmer genügen konnten – und es heute noch nicht können, selbstverständlich nicht, denn niemand ist perfekt. Genau hier liegt das Problem: Weil wir unseren eigenen Ansprüchen nicht genügen, verurteilen wir uns für jeden Fehler, wir machen uns Selbstvorwürfe, empfinden Schuldgefühle, Frustration und mehr an Selbstzerstörerischem, und deshalb lieben wir uns selbst nicht. Ja, wie könnte ich denn jemanden lieben, der so unvollkommen ist?

Wie? Lieben wir etwa nicht andere Menschen, die ebenso unvollkommen sind? Doch. Andere lieben wir trotz ihrer Unzulänglichkeiten. Nur mit uns selbst sind wir so streng.

Aus dem gleichen Grund nehmen wir auch keine Liebe an. Wir glauben nicht, irgendjemand liebe „so einen Menschen wie mich". Unsere fortwährenden Zweifel an der Liebe des Partners und anderer Menschen führen unter anderem zu einem klettenartigen Anhängen und zu Eifersucht, die so viele Freundschaften vergiften. Manchmal verunmöglicht diese Unfähigkeit, Liebe anzunehmen, sogar das Eingehen einer tieferen Beziehung.

2. Kategorie: Abhängigkeit von Fremdbewertung

Aus Angst, jemanden zu enttäuschen oder seine Anerkennung zu verlieren, handle ich nicht so, wie ich es möchte. • Aus Angst, jemanden zu enttäuschen, traue ich mich nicht, Nein zu sagen. • Wenn ich etwas gesagt/getan habe, das einem Mitmenschen nicht gefällt oder ihn verärgert, mache ich mir Vorwürfe oder habe Schuldgefühle. • Ich gehe Konflikten aus dem Weg. • Ich traue mich nicht, eine berechtigte Reklamation oder Kritik anzubringen. • Ich schäme mich, wenn ich etwas nicht weiß/kann. • Ich scheue mich, Fragen zu stellen oder Kommentare abzugeben, weil ich mich nicht bloßstellen will. • Wenn jemand mich tadelt, verurteilt, angreift, fühle ich mich schlecht oder schuldig. • In gewissen Umgebungen oder mit bestimmten Menschen fühle ich mich unsicher, in Gesellschaft bin ich gehemmt, blockiert. • Ich fühle mich unsicher, wenn ich nicht tadellos gekleidet, geschminkt, frisiert bin. • Ich zeige mich immer gut gelaunt und fröhlich, auch wenn mir nicht danach ist. • Fremden gegenüber bin ich schüchtern. • Ich erkläre, begründe oder rechtfertige ungefragt meine Entscheidungen und Taten. • Ich lüge aus Angst.

Stützen wir unsere Eigenbewertung, also auch unser Selbstbewusstsein, unsere Selbstsicherheit, unser Selbstvertrauen, auf die Bewertung der Mitmenschen ab, dann versuchen wir uns stets so zu verhalten, dass ihr Urteil positiv ausfällt. Das kann dazu führen, dass wir ständig Angst haben, etwas Dummes zu sagen oder uns blöd anzustellen, und uns deshalb unter Menschen nicht wohlfühlen, schüchtern, unsicher, gehemmt, blockiert, introvertiert sind.

Zudem bemühen wir uns fortwährend, den Mitmenschen nicht zu missfallen, sie nicht zu enttäuschen oder zu verärgern und uns immer nur von der besten Seite zu zeigen. Wir sind peinlichst darauf bedacht, nichts falsch zu machen und liebenswert, schön, intelligent, fröhlich zu wirken. Einerseits kostet uns diese Maske, die wir tragen, viel Energie – wir sind ja nicht authentisch, sondern spielen mit viel Mühe und Aufwand eine Rolle. Andrerseits ist es für uns schmerzhaft, werden wir einmal entlarvt, wenn uns also ein Missgeschick passiert, wir in ein Fettnäpfchen treten oder bloß schon wenn jemand uns, zu Recht oder nicht, tadelt.

Damit wir günstig beurteilt werden, erklären wir uns ständig, rechtfertigen, was wir sagen und tun. Es liegt uns viel daran, dass die anderen verstehen, warum wir diese oder jene Meinung vertreten oder in einer bestimmten Weise handeln. Wir glauben, wenn sie uns verstehen, akzeptieren sie uns. Dabei schrecken wir auch vor Lügen nicht zurück. Notlügen nennen wir sie. Angstlügen sind es.

→ „Man kann es nie allen recht machen"
Seite 85

Wir werden es nie allen recht machen, das wissen wir doch. Aber zumindest einigen – den „wichtigen"? Vielleicht. Dabei machen wir es jedoch uns selbst nicht recht. Oder fühlen wir uns wirklich wohl dabei? Sind wir glücklich? Und wer sagt uns denn, dass die Maßstäbe der anderen korrekt sind? Bewerten sie uns etwa nicht aus ihrem unzulänglichen Blickwinkel und nach ihrer eigenen Werteskala? Es besteht doch überhaupt kein Grund, der Beurteilung unserer Mitmenschen zu vertrauen! Warum ist sie uns dann so wichtig?

Genau, es geht nicht um die eigentliche Bewertung. Mit „schlechten Noten" kämen wir vielleicht noch zurecht. Es geht vielmehr um die Wert*schätzung*. Als soziale Wesen sind wir schließlich auf die Sympathie und Zuwendung unserer Mitmenschen angewiesen. Diese Tatsache lässt sich nicht leugnen, nur: Werden wir tatsächlich mehr geschätzt, wenn wir uns unterwürfig bis servil, stets kompromissbereit und nachgiebig, anbiedernd und wie ein Fähnchen im Wind verhalten? Schätzen *Sie* solche Menschen, bewundern Sie sie, möchten Sie sie zum Freund haben? Oder ziehen Sie eher Menschen vor, die eigenständig ihren Weg gehen, selbst wenn sie manchmal etwas unbequem sind, und zu dem stehen, was sie sagen, tun, und ebenfalls zu dem, was sie nicht wissen, nicht können, zu ihren Fehlern und Unzulänglichkeiten?

Nochmals: Sie werden es nie allen recht machen, es gibt immer jemand, der Sie verurteilt, egal, was Sie tun. Also machen Sie es wenigstens sich selbst recht! Und es werden sich immer Menschen finden, die Ihr Verhalten gutheißen, die Sie akzeptieren, egal wie Sie gerade sind.

3. Kategorie: Angst vor Verlust und Liebesentzug
Aus Angst, einem Menschen wehzutun und seine Liebe zu verlieren, schweige ich. • *Um die Liebe eines Menschen nicht zu verlieren, tue ich Dinge, die ich nicht tun möchte.* • *Ich lasse mich emotional erpressen („Wenn du mich liebst, dann tust du ..."/„Du liebst mich nicht, wenn du nicht...")* • *Ich lebe in Angst, einen geliebten Menschen zu verlieren, oder ich bin eifersüchtig.* • *Aus Angst, die Zuneigung eines Menschen zu verlieren, traue ich mich nicht, Nein zu sagen.*

Betreffen die Verhaltensweisen der 2. Kategorie unsere gesamte Umgebung, so geht es bei der 3. Kategorie nur um einen begrenzten Kreis: um die Menschen, die uns nahestehen, die wir lieben und von denen wir geliebt werden wollen, Partner, Eltern, Kinder, Freunde und einige andere, die uns viel bedeuten. Bei diesen ist es uns besonders wichtig, wie sie uns sehen und beurteilen, weil wir Angst haben, sie könnten uns ihre Liebe, die wir so sehr brauchen, entziehen. Deshalb fallen wir mit ihnen leicht in Verhaltensmuster, die von der Angst vor Verlust und Liebesentzug geprägt sind. Für sie tun wir alles, erfüllen ihnen fast jeden Wunsch, lassen keine Gelegenheit aus, ihnen unsere Liebe zu beweisen, verhalten uns stets so, wie wir meinen, es gefalle ihnen. Doch das ist keine wahre Liebe, es ist ein Deal: Wir geben, um zu bekommen. Dabei haben wir oft enttäuscht das Gefühl, dennoch nicht geliebt zu werden.

Paradoxerweise streiten wir ausgerechnet mit den Menschen, die wir nicht verlieren wollen, recht oft. Diese Art, um ihre Liebe zu ringen, beruht auf unserer Ohnmacht und Hilflosigkeit, die keine anderen Mittel kennen. Zudem kommen wir mit nahestehenden Menschen nicht darum herum, bestimmte Werte und Grenzen zu klären, und müssen uns deshalb zuweilen wohl oder übel auf Konflikte einlassen. Diese tragen wir dann jedoch nicht sachlich, sondern in Form eines Machtkampfs aus, nicht selten kindisch – oder vielmehr: kindlich – und geprägt von unseren unbewussten Mustern und Verlustängsten.

Es ist unerlässlich, uns so eigenständig, so in uns selbst geborgen zu fühlen, dass wir die Liebe eines anderen Menschen nicht brauchen. Nicht brauchen, aber dankbar annehmen, sofern sie uns frei und vorbehaltlos geschenkt wird, ohne dass wir eine Gegenleistung erbringen und uns selbst untreu werden müssen.

Dies bedeutet natürlich nicht, generell auf Rücksichtnahme und Kompromisse zu verzichten. Sofern wir etwas aus echter Liebe und tiefem Verständnis tun, ist es wunderbar. Doch sobald wir spüren, dass Angst unser Verhalten prägt, ist es ein untrügliches Zeichen für Abhängigkeit.

4. Kategorie: Liebe erbetteln, erkaufen, erpressen

* Bei allen Punkten, in denen hier der Partner genannt ist, kann es auch um andere geliebte Menschen gehen, wie Eltern, Kinder, enge Freunde, ...

Wenn mein Partner* mich zu wenig beachtet, schmolle oder trotze ich. • Ich versuche, meinem Partner* Schuldgefühle zu verursachen, unter anderem indem ich auch alte Sünden erwähne. • Ich spiele gern den Märtyrer oder das Opfer („Wegen dir habe ich darauf verzichtet"). • Ich versuche, mir die Liebe meines Partners* zu erkaufen, indem ich seine Bedürfnisse befriedige.

Diejenigen Verhaltensweisen aus der 3. Kategorie, die darauf hindeuten, dass wir uns emotional erpressen lassen, gehören mit umgekehrtem Vorzeichen in die 4. Kategorie: Wir selbst versuchen, unseren Partner und andere Menschen, deren Zuwendung wir bekommen wollen, emotional zu erpressen. Schenken sie uns die erwartete Liebe nicht, sei es, dass sie uns ihre Zuneigung zu wenig zeigen, sei es, dass wir ihr Verhalten als fehlende Liebe interpretieren, setzen wir subtile nonverbale und verbale Methoden ein, um Druck auszuüben. Zu ersteren zählen: Ich gebe mich betont schweigsam, setze eine leidende Miene auf, weine (zuweilen) scheinbar heimlich, aber doch offenkundig genug, dass der andere es bemerken muss, stöhne verstohlen. Ich verhalte mich so, damit mein Gegenüber merkt, dass mit mir etwas nicht stimmt. Im Idealfall soll er selbst darauf kommen, dass *er* Schuld an meiner Misere trägt. Deshalb lasse ich mich auch wiederholt bitten, bis ich damit herausrücke, denn ich will suggerieren: „Sieh, ich leide im Stillen und bin dennoch großmütig genug, es dir nicht vorzuwerfen."

Die verbalen Methoden bestehen aus Aussagen wie: „Ich tue so viel für dich und du…; „Du hattest mir versprochen… und hast es nicht getan"; „Offenbar liebst du mich nicht genug…"; „Wegen dir habe ich das doch getan, aber du…"; „Nie machst du, was ich mir wünsche…"; „Merkst du denn nicht, wie weh du mir tust?"; und viele mehr. Die emotionale Erpressung gipfelt in Drohungen wie „Wenn du das machst/nicht machst, trenne ich mich von dir" oder „Wenn du mich verlässt, siehst du die Kinder nie mehr".

Alle Äußerungen, die nonverbalen und die verbalen, zielen darauf ab, unser Gegenüber unter Druck zu setzen und ihm ein schlechtes Gewissen zu verursachen. Wir denken, dass wenn er Verlustangst oder Schuldgefühle empfindet, er sich liebevoller verhält und sich nicht traut, in einer Weise zu handeln, die uns missfällt.

Aber selbst scheinbar positive Aussagen dienen in Wirklichkeit nur dazu, uns die Liebe zu erkaufen. Haben wir einmal die intimen Bedürfnisse des Partners erkannt (sexuelle, materielle, emotionale wie beispielsweise nach Lob, Bewunderung, …), so setzen wir alles daran, sie zu stillen. Wir meinen, wenn wir uns in dieser Art unentbehrlich machen, schaffen wir ein Abhängigkeitsverhältnis und bekommen die Liebe, die wir so sehr brauchen. Zudem können wir dem Partner unsere Missbilligung und Verurteilung irgendwelcher Fehlverhalten seinerseits jeweils deutlich zeigen, indem wir seine Bedürfnisse vorsätzlich und demonstrativ nicht mehr befriedigen, bis er sich entschuldigt und wieder in einer uns gefälligen Weise verhält.

Analoge Verhaltensweisen legen wir ebenfalls bei Eltern, Geschwistern, Freunden an den Tag. Und, ganz fatal, bei unseren Kindern – wodurch wir ihnen den Glauben anerziehen, sie könnten sich die Liebe verdienen und erkaufen.

5. Kategorie: Sich gebraucht fühlen
Ich missachte meine eigenen Bedürfnisse zugunsten anderer Menschen. • Wenn ich nicht gebraucht werde, fühle ich mich minderwertig oder nutzlos. • Ich suche mir immer wieder neue Aufgaben, beispielsweise in Vereinen, obwohl ich mit Beruf, Familie, Hobbys schon ausgelastet bin. • Wenn jemand meinen Rat nicht befolgt, bin ich verärgert, enttäuscht oder fühle mich zurückgewiesen. • Wenn jemand die von mir angebotene Hilfe nicht annimmt, bin ich beleidigt, frustriert oder verletzt. • Wenn jemand meine Hilfe braucht und mich darum bittet, kann ich nicht Nein sagen. • Ich bin enttäuscht, wenn meine Hilfe nicht gebührend gewürdigt oder verdankt wird. • Ich bin das, was man einen aufopfernden Menschen nennt.

Das Charakteristische dieser Verhaltensweisen besteht darin, dass wir unseren eigenen Wert darüber definieren, welchen Nutzen wir für andere darstellen und erbringen.

Zum einen führt das dazu, dass wir unseren Rat und unsere Hilfe oft geradezu aufdrängen; werden sie nicht angenommen, fühlen wir uns frustriert oder zurückgewiesen und reagieren manchmal sogar mit Verärgerung oder Wut. Das Gleiche trifft zu, wenn jemand unsere – nicht selten erdrückende und erstickende – Zuneigung und Fürsorge verschmäht.

Zum andren, und das ist noch gravierender, resultiert daraus, dass wir dazu neigen, uns für die anderen aufzuopfern. Wir lehnen es nie ab, wenn jemand uns um einen Gefallen, um Hilfe bittet, selbst wenn wir keine Zeit, keine Lust, ja keine Möglichkeit haben. Wir setzen unsere eigenen Interessen hintan und verausgaben uns über unsere Kräfte, wir geben mehr, als wir vermögen. Bis eines Tages der Zusammenbruch als unweigerliche Folge eintritt, entweder körperlich oder psychisch. Denn zu lange haben wir unsere eigenen Bedürfnisse vernachlässigt, sie teilweise kaum mehr gespürt.

Dabei ist es unser Recht, ja unsere Pflicht, in erster Linie *unser* Leben zu leben. Schauen wir ehrlich hin: Kommen unser Altruismus und unsere Nächstenliebe tatsächlich aus dem Herzen? Oder drängt uns hauptsächlich die Not, daraus unser Selbstwertgefühl zu beziehen? Gönnen wir uns auch selbst das, was wir anderen Gutes tun, oder reden wir uns etwa ein, es gar nicht zu brauchen?

Leiden wir an dieser Form mangelnder Selbstliebe, kann die Kur nur so radikal sein, wie es der Kollaps am Ende unserer Kräfte wäre: fürs Erste einmal einen Schlussstrich unter alle altruistischen Tätigkeiten ziehen, ausnahmslos und kategorisch. Und dann die darauffolgende Leere aushalten und langsam, langsam lernen, unsere eigenen Bedürfnisse und Wünsche wieder wahrzunehmen und zu befriedigen. Erst nach einer längeren Periode, in der wir nur für uns selbst gelebt haben, dürfen wir dann Egoismus und Altruismus wieder in ein gesundes Gleichgewicht bringen, sorgsam darauf achtend, nicht wieder ins alte Fahrwasser zu geraten.

→ „Die Grenze zwischen gesunder Selbstliebe und Egoismus" Seite 86

6. Kategorie: Kompensatorische Verhaltensweisen

Ich bin überheblich oder besserwisserisch. • Auf Kritik reagiere ich abweisend oder aggressiv. • Ich prahle oder übertreibe maßlos, wenn ich etwas über mich erzähle. • Ich berichte äußerst gern darüber, was ich gut kann, dass andere mich gelobt hätten, mich bewunderten. • Ich versuche mit meinen Aussagen, andere zu erniedrigen, zu demütigen oder abzuwerten.

Immer wieder begegnen wir Menschen, die wir als selbstbewusst und selbstsicher erleben, manchmal als überheblich oder beinahe größenwahnsinnig, zumindest auf den ersten Blick. Lernen wir sie dann näher kennen oder sehen wir hinter die Kulissen, entdecken wir – vielleicht mit Erstaunen –, wie ihre vermeintliche Selbstsicherheit nur eine Fassade ist und sich dahinter ein Mensch verbirgt, der an sich zweifelt und äußerst verletzlich ist.

Bei Menschen, die arrogant sind, immer alles besser wissen oder stets noch etwas anzumerken haben, prahlen, lautstark um Aufmerksamkeit ringen, sich aggressiv oder angeblich furchtlos benehmen, ist es offensichtlich, dass sie unter mangelndem Selbstwertgefühl leiden und es durch solche Verhaltensweisen kompensieren. Da sie ihren eigenen Wert nicht kennen (oder nicht anerkennen), versuchen sie, sich eine Selbst-Wichtigkeit als Ersatz für ihre fehlende Selbst-Wertigkeit zu geben. Sie müssen sich selbst und ihrer Umgebung fortwährend zeigen und beweisen, dass sie mehr wissen, mehr können, mehr leisten, sich mehr trauen als die anderen, oder die Mitmenschen erniedrigen, um sich selbst erhöht zu fühlen. Auch zum Schutz, um nicht von anderen verletzt zu werden.

Wer hingegen in sich selbst geborgen ist, sich mit Stärken und Schwächen annimmt, um seinen wahren Wert weiß, hat solch ein Mensch es nötig, anderen ständig seine Überlegenheit zu demonstrieren?

Die Grenzen zwischen diesen Kategorien sind natürlich fließend und manche Verhaltensweise lässt sich auf mehrere Ursachen zurückführen. Bitten wir beispielsweise andere ungern um Hilfe, so kann es darauf hindeuten, dass wir dem eigenen Vollkommenheitsideal unterliegen (wie unter der 1. Kategorie erläutert); ebenso möglich ist, dass wir uns den Mitmenschen nicht als schwach oder hilfsbedürftig zeigen wollen aus Angst, dadurch ihre Wertschätzung, Anerkennung oder Liebe zu verlieren (was dann zur 2. oder 3. Kategorie gehören würde).

Vielleicht denken Sie jetzt: „Furchtbar! Bei so vielen dieser Fragen steht mein Kreuz näher bei *oft*... Habe ich denn überhaupt kein Selbstwertgefühl?" Fühlen Sie sich auf keinen Fall deprimiert und seien Sie nicht entmutigt!

Bis zu meinem vierzigsten Lebensjahr hätte ich bei fast allen Verhaltensweisen der Liste auf den Seiten 68/69 mein Kreuz ganz weit rechts bei *oft* gesetzt – und ich war mir dessen nicht einmal bewusst. Der Lebensberater und spirituelle Lehrer, von dem ich erzählt habe, machte mich nach und nach darauf aufmerksam und er wurde es nicht müde, mir zehn- und zwanzigmal an einem Tag zu sagen: „Jetzt hast du dich schon wieder gerechtfertigt!", oder: „Warum nimmst du meine Hilfe nicht einfach an und bedankst dich?"

Ich erinnere mich an eine – vermeintlich banale – Begebenheit, als wir zusammen in einem italienischen Restaurant saßen und uns eine große Schüssel Salat (für uns beide) ohne Dressing hingestellt wurde; auf dem Tisch standen Essig und Öl, Salz und Pfeffer. Mein Lehrer bat mich den Salat zuzubereiten. „Magst du ihn lieber sauer oder mild? Mit oder ohne Pfeffer?", fragte ich ihn.

„Jetzt mach einfach, wie du es für richtig hältst! Du brauchst nicht immer Angst zu haben, etwas falsch oder es mir nicht recht zu machen", antwortete er ein bisschen ungehalten (wahrscheinlich hatte ich ihn an jenem Tag schon allzu oft genervt mit meiner Unsicherheit).

Es war ein langer Prozess für mich, mein Selbstwertgefühl aufzubauen, und er ist nie ganz zu Ende; auch nach Jahren lerne ich immer noch dazu.

Sie werden jetzt fragen: „Wie mache ich das überhaupt, konkret und praktisch?" Setzen Sie bei jeder einzelnen Verhaltensweise an und bemühen Sie sich, sie zu verändern. Unabhängig davon, bei welcher Ihnen Fortschritte gelingen: Ihr Selbstwertgefühl nimmt zu und es wird Ihnen leichter fallen, bei weiteren unerwünschten Verhaltensweisen an sich zu arbeiten. Es ist ein lohnender Prozess, aber ein langsamer. Verzagen Sie deshalb nicht, wenn Sie ungewollt immer wieder in alte Muster fallen.

→ In meinen beiden Büchern zur Selbstliebe erläutere ich die Vorgehensweise ausführlich; Info siehe Seite 136.

Fangen Sie mit den einfacheren Veränderungen an. Hören Sie beispielsweise auf, alle Ihre Entscheidungen und Handlungen ungefragt zu erklären und zu rechtfertigen. Oder beginnen Sie, angebotene Hilfe anzunehmen, sobald Sie diese brauchen, oder gar darum zu bitten.

→ „Veränderung von Verhaltensmustern" Seite 84 f.
→ „Einige Aufgaben für Selbstwertgefühl" und „Affirmationen für Selbstwertgefühl" Seite 87

Nehmen Sie sich auch nie zu viel aufs Mal vor. An einer, maximal zwei dieser Verhaltensweisen können Sie gleichzeitig arbeiten, sonst überfordern Sie sich. Es braucht nämlich eine Menge Wachsamkeit im Alltag, um die entsprechenden Situationen rechtzeitig zu erkennen.

Was es ebenfalls dazu braucht, ist etwas Mut. Wir kommen nicht darum herum, einmal anzuecken, jemanden zu verärgern, etwas falsch zu machen und dabei auch verletzt zu werden. Dieses Risiko müssen wir eingehen. *Ein* Mal widersetzen Sie sich, sagen Nein – vielleicht ernten Sie

→ „Mut zum Leben!" Seite 88

dafür Vorwürfe oder Beschimpfungen, vielleicht verlieren Sie die Anerkennung eines Mitmenschen, vielleicht sogar einen sogenannten Freund. Das nehmen Sie in Kauf und fühlen sich deswegen nicht schuldig oder niedergeschlagen, im Gegenteil: Sie sind stolz auf sich, dass Sie den Mut gefunden haben, Sie selbst zu sein, das zu sagen oder zu tun, was Sie wollten und für richtig hielten.

Wagen Sie es *ein* Mal! Sie werden staunen, wie viel Kraft und Selbstsicherheit Sie daraus schöpfen. Sie haben bewiesen, dass Sie sich selbst lieben, und es wird Sie bestärken, es das nächste Mal wieder zu wagen, auch bei anderen Menschen, sogar bei solchen, bei denen Sie sich bisher nie trauten, weil Sie Angst hatten, sie zu verlieren.

Doch was, wenn sich daraufhin tatsächlich jemand von Ihnen abwendet, der Ihnen nahesteht, der Ihnen viel bedeutet? Das logische Argument – Sie haben nicht viel verloren an einer Person, die Sie nicht schätzt und respektiert, wenn Sie Eigenständigkeit beweisen – vermag Sie wahrscheinlich nicht zu trösten. Der Verlust und die Zurückweisung schmerzen, und es besteht die Gefahr, dass sie sich möglicherweise wiederum negativ auf Ihre Selbstliebe auswirken. Deshalb ist für unsere Zufriedenheit neben Urvertrauen und Selbstwertgefühl eine weitere Eigenschaft unerlässlich: der Gleichmut. Dazu komme ich in Abschnitt 3.

Essenz des Abschnitts „Selbstwertgefühl und Selbstliebe"

Das Selbstwertgefühl beruht auf unserer Überzeugung, als Mensch an sich wertvoll zu sein, unabhängig von Aussehen, Charakter, Besitz und anderen Äußerlichkeiten.

Nur dieses echte Selbstwertgefühl geht uns niemals verloren; eine Selbstsicherheit, ein Selbstbewusstsein, ein Selbstvertrauen, die auf materiellen Werten, Leistung oder Fähigkeiten beruhen, sind schnell geschwächt oder gar zerstört.

Jeder Mensch braucht Liebe. Wenn wir uns nicht selbst lieben, weil es uns an Selbstwertgefühl mangelt, machen wir uns abhängig von der Liebe anderer. Wir tun alles, um diese zu bekommen und nicht mehr zu verlieren, wir werden sogar uns selbst untreu. Dabei sind wir oft gar nicht in der Lage, diese Liebe anzunehmen, weil wir uns selbst nicht für liebenswert halten, und auch nicht fähig, wahre, bedingungslose Liebe zu geben.

Unsere Liebe für uns selbst spüren wir nicht. Es gibt allerdings eine ganze Reihe von Symptomen, die es uns verraten, falls wir uns selbst nicht lieben; sie hängen mit unserem Bedürfnis, geliebt zu werden, zusammen und zeigen sich oft darin, dass wir Angst haben, die Wertschätzung und Zuneigung der Mitmenschen nicht zu bekommen oder zu verlieren. Indem wir versuchen, diese Verhaltensweisen abzulegen, arbeiten wir an unserem Selbstwertgefühl und unserer Selbstliebe.

Was sagt die Gita zu Selbstwertgefühl und Selbstliebe?

In der Tat nicht viel, zumindest nicht ausdrücklich und ausführlich. Doch was könnte sie uns Wichtigeres sagen, als dass wir göttlich sind?

„Was in uns ist, ist er [Gott, das Absolute, das Göttliche], und alles, was wir außerhalb von uns erfahren, ist ebenfalls er. [...] Er ist der Unteilbare und der Eine, doch er scheint sich in Formen und Geschöpfe zu teilen und er erscheint als lauter eigenständige Wesen. Alle Dinge sind ewig aus ihm geboren, in seiner Ewigkeit getragen, ewig in seine Einheit zurückgeführt. [...] Er wohnt in den Herzen aller. [...]" [14]

„Der Erhabene wohnt gleichermaßen in allen Wesen, unsterblich im Sterblichen; wer dies erkennt, erkennt wirklich." [15]

Wie könnten wir als solch göttliche Wesen unseren Wert herabsetzen und uns selbst nicht lieben?

Kindliche Prägungen und Muster

Bereits im Säuglingsalter führt die Reaktion der Erwachsenen auf seine Äußerungen, wie Schreien oder Lachen, dazu, dass es unbewusst lernt, was von ihm erwartet wird und was es tun muss, um Aufmerksamkeit, Nahrung, Zuwendung zu bekommen. Umgekehrt nimmt es natürlich auch wahr, was die Erwachsenen verstimmt, sodass sie sich von ihm abwenden oder in unangenehmer Weise reagieren.

Als Kinder werden wir dann weiter programmiert, indem Eltern, Lehrer und andere Autoritätspersonen von uns ein bestimmtes Verhalten fordern und mittels Lob und Strafe (die schlimmste ist der Liebesentzug) erzwingen.

Es versteht sich, dass die Forderungen dieser Erwachsenen nicht immer gut und richtig sind, denn sie wurden als Kinder selbst schon programmiert und funktionieren nach ihren eigenen erworbenen Wertmaßstäben.

Wir lernen jedenfalls dabei schnell, dass bestimmte Verhaltensweisen uns Vorteile – oder zumindest keine Nachteile – bringen, und wenden sie immer wieder an, bis sie sich schließlich tief in uns festgesetzt haben und uns aus dem Unbewussten steuern. Noch als Erwachsene eignen wir uns weiterhin solche Automatismen an, aus den gleichen Gründen: Wir wollen die Liebe der Mitmenschen gewinnen (oder nicht verlieren), gefallen, akzeptiert werden, dazugehören.

Selbstwertgefühl & Co.

Es gibt mehrere ähnliche Begriffe aus dem Bereich der Selbstliebe. Da sich die Bedeutungen aber geringfügig unterscheiden, erläutere ich einige davon. Es geht dabei vor allem darum, woher wir die Eigenschaft (*E*) beziehen müssen (*Tragfähige Grundlage*), soll sie stark sein, und woher wir sie in der Regel beziehen (*Vergängliche Grundlage*).

E	Tragfähige Grundlage	Vergängliche Grundlage
Selbstbewusstsein	Ich bin mir meines Selbst bewusst, „Selbst" verstanden als Höheres Selbst, unsterbliche Seele oder göttlicher Funke.	Ich bin mir bewusst, dass ich für andere interessant, schön, anziehend und mehr bin.
Selbstsicherheit	Ich fühle mich in mir selbst sicher, geborgen; ich weiß, dass mir nichts geschehen kann, was nicht (am Ende) gut für mich ist.	Ich beziehe meine Sicherheit aus äußeren Umständen: dass andere mich brauchen, ich reich bin, es Menschen gibt, die zu mir stehen und mir beistehen.
Selbstvertrauen	Ich vertraue mir selbst (meinem Höheren Selbst, meiner Seele, meiner Inneren Stimme) und darauf, dass ich in meinem Handeln geführt werde.	Ich vertraue auf meinen Besitz, meine Fähigkeiten, meine Leistung, meine Willenskraft.
Selbstachtung	Ich achte mich selbst, weil ich im Kern ein göttliches Wesen bin, und als solches vollkommen.	Ich achte mich, wenn ich mutig war, meine Würde gegen Widerstände bewahrt und verteidigt habe, etwas Außergewöhnliches leisten konnte.
Selbstwertgefühl	Ich weiß, dass ich wertvoll an sich bin, weil ich ein menschliches (und göttliches) Wesen bin mit einer unverwundbaren, unsterblichen Seele.	Ich beziehe meinen Wert aus den materiellen und immateriellen Werten, die ich besitze, aus dem Lob und der Anerkennung anderer Menschen.

Veränderung von Verhaltensmustern

Beim Bemühen, ein Muster loszuwerden, stellen wir bald fest, dass die Erkenntnis und der Entschluss die gewünschte Änderung nicht unmittelbar hervorrufen. Die größte Schwierigkeit liegt darin, es rechtzeitig zu erkennen, wenn wir in ein solches Muster fallen. Denn meistens merken wir es erst im Nachhinein – wenn überhaupt. Es ist tatsächlich nicht leicht, ständig die dafür nötige Wachsamkeit aufzubringen. Einfacher ist es in der Regel für uns, auf der körperlichen Ebene etwas wahrzunehmen. Diese Tatsache machen wir uns zunutze. Sie können sich wie folgt darauf „programmieren":

- Sie entspannen sich, lassen sich in eine Art meditativen Zustand fallen und gehen in Gedanken eine Situation durch, in der Sie sich nach dem betreffenden Muster verhalten haben.
- Dabei achten Sie darauf, welche Körperempfindung in diesem Moment auftritt und an welcher Stelle genau im Körper; Sie nehmen es wahr, gehen bewusst in diese Körperempfindung hinein und prägen sich diese ein.
- Sie denken sich eine kleine, unauffällige Bewegung aus, die Sie in Zukunft als „Notfallmaßnahme" zum Durchbrechen des Musters einsetzen, beispielsweise die Hände falten, mit dem Zeigefinger die Nase berühren, einen Fuß vom Boden heben, und merken sie sich.

Geraten Sie nun irgendwann in eine Situation, in der dieses Muster gerade ablaufen will, so spüren Sie die entsprechende Körperempfindung als Warnung, vergleichbar mit dem plötzlichen Aufleuchten einer Warnlampe im Auto. Das gibt Ihnen die Chance, rechtzeitig einzugreifen und den Automatismus aufzuhalten.

Bevor Sie etwas sagen oder tun, führen Sie sofort die gewählte kleine Bewegung aus; dadurch versetzen Sie sich auf die *bewusste, rationale* Ebene. Auf dieser besteht, anders als auf der unbewussten des Musters, die Möglichkeit, willentlich über Ihr Verhalten zu entscheiden und nicht dem Automatismus zu unterliegen. Sie handeln daraufhin so, wie Sie es wirklich wollen.

Dennoch: Nicht jedes Mal, vor allem nicht bei den ersten Versuchen, werden Sie es früh genug erkennen. Selbst wenn, wird es Ihnen nicht jedes Mal gelingen, die automatische Reaktion zu unterdrücken und sich anders zu verhalten. Darüber dürfen Sie sich nicht ärgern, nicht tadeln, sondern den Vorsatz mit aller Bestimmtheit und Klarheit nochmals fassen: „Beim nächsten Mal versuche ich es erneut!"

Sagen Sie sich deshalb immer wieder, das Muster sei in Ihnen eingraviert wie auf einer Schallplatte: Die Nadel gelangt von einer Rille zur nächsten. Doch irgendwann sind diese Rillen alle abgespielt, irgendwann haben Sie ausreichend geübt. Oft geschieht das unbemerkt: Erst nach einer Weile, es mögen Wochen oder gar Monate sein, wird Ihnen plötzlich auffallen, dass Sie sich schon länger nicht mehr in dieser bestimmten Weise verhalten haben. Dieses eine Muster haben Sie also erfolgreich abgelegt.

Das ist Grund zur Freude, aber auch zur Vorsicht: Ein abgelegtes Muster lauert sozusagen noch in unserer Nähe, nennen wir es im Unbewussten, in unserer Aura oder Atmosphäre. Deshalb kann jedes Verhaltensmuster zurückkehren, beispielsweise dann, wenn wir nicht mehr achtsam sind, in Extremsituationen, in denen wir an unsere Grenzen stoßen, oder wenn wir zulassen, dass unser Bewusstsein geschwächt wird, was in einer Umgebung von Angst, Begierde, niederen Schwingungen, mangelnder Energie schnell passiert.

Unnötig zu sagen, wir sollten sogar dann nicht mit uns schimpfen: Wir fangen mit dem Üben einfach wieder an. Und diesmal geht es rascher und leichter als beim ersten Mal.

Man kann es nie allen recht machen *(eine jiddische Geschichte)*

Ein Mann besaß einen guten, starken Esel. Eines Tages ritt er auf ihm zum Markt, während sein Kind neben dem Esel herging.

Als sie unterwegs zwei Männern begegneten, vernahm der Eselreiter, wie der eine zum anderen flüsterte: „Welch schlechter Vater! Lässt seinen Jungen zu Fuß gehen, während er bequem auf dem Esel hockt!"

Der Vater fühlte sich als Unmensch. Er stieg vom Esel ab und ließ seinen Sohn reiten. Nach einer Weile trafen sie auf zwei Frauen und er hörte die eine zur anderen sagen: „Wie respektlos von dem Kind, dass es seinen alten Vater zu Fuß gehen lässt und selbst auf dem Esel reitet!"

Der Mann dachte bei sich: „Der Esel ist jung und stark, er kann uns mühelos beide tragen." Und er stieg ebenfalls auf. Daraufhin kamen ihnen zwei Reiter auf stolzen Pferden entgegen. Der eine bemerkte: „Sieh dir das an! Zu zweit hocken sie auf dem armen kleinen Esel; sie werden ihn bestimmt umbringen, wenn sie so weitermachen."

Der Vater forderte seinen Knaben auf: „Lass uns absteigen, der arme Esel hat genug geschuftet. Wir binden ihm jetzt die Füße zusammen und wir beide tragen ihn an einer Stange."

Das taten sie und setzten ihren Weg zum Markt fort. Als sie dort eintrafen, zeigten die Leute mit dem Finger auf sie und lachten sie aus: „Sind das Trottel! Tragen einen Esel an der Stange, anstatt auf ihm zu reiten."

Die Grenze zwischen gesunder Selbstliebe und Egoismus

Selbstliebe hat nichts zu tun mit Egoismus oder narzisstischer Selbstverliebtheit.

Der Egoismus ist uns allen ein Begriff und wir haben keine große Mühe, egoistisches Verhalten zu erkennen: Jemand ist rücksichtslos, ohne Mitgefühl auf den eigenen Vorteil bedacht und nutzt jede Gelegenheit, für sich mehr herauszuholen, selbst auf Kosten anderer. Getrieben wird der Egoist von seinen Wünschen und seinen Begierden, nicht zuletzt auch von seinen Ängsten. Ein solches Verhalten ist verwerflich und steht im Widerspruch zum Urvertrauen.

Hingegen gehört es zu unserer Lebensaufgabe, echtes Selbstwertgefühl und wahre Selbstliebe zu entwickeln. Diese äußern sich natürlich nicht darin, dass wir Mitmenschen übervorteilen; jedoch lassen wir uns auch nicht von ihnen ausnutzen und ebenso wenig davon abhalten, selbstbestimmt zu handeln.

Obwohl es keine klar definierte Grenze zwischen Egoismus und Selbstliebe gibt, noch verbindliche Regeln dazu, helfen uns die folgenden Überlegungen bei der Unterscheidung: Ich allein trage die Verantwortung für mein Leben und ich habe das Recht, ja die Pflicht, in jeder Situation selbst darüber zu bestimmen. Obwohl oft andere von meinen Entscheidungen und Taten mit betroffen sind – das lässt sich kaum vermeiden –, darf ich jederzeit auf meine Innere Stimme hören und so handeln, wie ich es als richtig empfinde. Ich bin nicht für andere verantwortlich und ich bin nur mir selbst Rechenschaft schuldig.

Dabei lasse ich mich nie von Angst – jemandem wehzutun, ihn zu verlieren oder vor anderen Konsequenzen – verleiten, etwas zu tun, was für mich nicht stimmt. Dies gilt ganz besonders auch bei emotionalen Erpressungen, ausgesprochenen oder stillschweigenden.

Von den Mitmenschen wird uns das konsequente Hören auf uns selbst oft als Egoismus, Kälte, Herzlosigkeit, Kompromisslosigkeit und mehr ausgelegt. Von solchen Urteilen dürfen wir uns nicht beirren lassen.

Sollten wir tatsächlich einmal egoistisch handeln, so wird das Leben – unser alleiniger Richter – uns lehren.

Einige Aufgaben für Selbstwertgefühl

Nehmen Sie sich nur eine, maximal zwei Aufgaben aufs Mal vor und bleiben Sie dabei, bis Sie eine deutliche Änderung Ihres Verhaltens erkennen. Erst dann nehmen Sie eine neue Aufgabe dazu.

- Ich höre auf, mein Verhalten und meine Entscheidungen zu erklären, zu begründen und zu rechtfertigen: Zu vermeiden sind alle Sätze mit „weil". Nach der Hauptaussage kommt ein Punkt. „Ich tue das und das." Punkt. „Ich denke so und so." Punkt.
- Ich hänge an meine Aussagen kein „Oder?", „Nicht wahr?" oder „Was meinst du dazu?". Ich schwäche meine Aussagen nicht ab mit Ergänzungen wie: „Das ist nur meine Meinung"; „Vielleicht denkst du anders"; „Ich bin nicht sicher".
- Ich respektiere mich und nehme mich an, wie ich bin; mache ich einen Fehler, so betrachte ich ihn, stehe dazu, nehme mir vor, es das nächste Mal besser zu machen, verurteile mich jedoch nicht und fühle mich nicht schlecht oder unfähig.
- Ich bezeichne mich selbst nicht mit Schimpfwörtern oder abwertenden Aussagen, wie: „Ich Dummkopf!"; „Wie kann ich nur so blöd sein?"; „Ich bin wirklich zu dämlich!".
- Ich liebe mich selbst und zeige es dadurch, dass ich keinen grimmigen, traurigen, verbissenen, starren Gesichtsausdruck habe: Man sieht mich stets mit einem entspannten, selbstzufriedenen Lächeln auf den Lippen.

In analoger Weise arbeiten Sie mit allen Verhaltensweisen, die Sie in der Liste der Seiten 68/69 als auf Sie zutreffend erkannt haben.

Affirmationen für Selbstwertgefühl

- *Ich bin es wert, mich selbst zu lieben* ·
- *Ich bin es wert, geliebt zu werden* ·
- *Ich nehme mich an und liebe mich, wie ich bin* ·
- *Ich wage jetzt, ich selbst zu sein* ·
- *Ich bin voller guter Eigenschaften* ·
- *Ich fühle mich in mir selbst wohl und geborgen* ·
- *Ich bin ein leuchtendes Wesen voller Liebe für mich und alle anderen* ·

Die allgemeinen Erläuterungen zur Arbeit mit Affirmationen finden Sie bei den „Affirmationen für Urvertrauen" auf Seite 63.

Mut zum Leben!

Die folgende Geschichte aus Indien will uns sagen, wir sollen unsere *wahre* Natur leben.

Eine trächtige Löwin griff eines Tages eine Schafherde an. Diese Anstrengung war zu viel für sie: Sie gebar ihr Baby und starb. Die Schafe nahmen den Kleinen an und zogen ihn auf; ihrem Beispiel folgend fraß er Gras und blökte. Auch als er erwachsen wurde, ein prächtiger, starker Löwe, glaubte er immer noch, er sei ein Schaf.

Eines Tages kam ein anderer Löwe in die Gegend und war sehr erstaunt, inmitten der Schafe einen Artgenossen zu sehen, der bei seinem Anblick zusammen mit der ganzen Herde floh.

Immer wieder versuchte der wilde Löwe sich dem anderen zu nähern, doch dieser versteckte sich jedes Mal. Eines Morgens überraschte er ihn im Schlaf und bevor er flüchten konnte, sagte er zu ihm: „Du bist doch ein Löwe, genau wie ich, warum fürchtest du dich vor mir?"

„Ich bin ein Schaf", entgegnete der andere blökend.

Der Löwe konnte ihn schließlich davon überzeugen, mit ihm zu einem See zu gehen. „Schau ins Wasser", forderte er ihn auf, „ist dein Spiegelbild nicht etwa gleich wie meines?"

Der immer noch verängstigte Schaf-Löwe sah hinein und erkannte augenblicklich die Wahrheit. Er brüllte los und blökte nie mehr.

Hören wir auf, uns wie Schafe zu verhalten und ängstlich zu blöken! Wir alle sind Löwen, schön, stark, selbstbewusst, tapfer: Lieben wir uns als Löwen und leben wir als Löwen! Es braucht nur ein bisschen Mut, das Schafsfell abzulegen und unsere wahre Natur zu verwirklichen.

Versuchen Sie es einfach einmal, versuchen Sie es wenigstens ein einziges Mal, ein Mal einfach sagen, was Ihnen auf der Zunge liegt, einfach tun, wozu Sie Lust haben, einfach Sie selbst sein. Sie werden staunen, wie Ihre Mitmenschen sofort den Löwen in Ihnen erkennen und Sie nicht mehr als Schaf betrachten! Sie brauchen in der Tat nur Ihr wahres Selbst zu leben.

3. Gleichmut

Die dritte unerlässliche Eigenschaft auf dem sonnigen Weg durch das Leben, neben Urvertrauen und Selbstwertgefühl, ist der Gleichmut.

Im Buddhismus wird er auch „heitere Gelassenheit" genannt, und präzis in diesem Zusatz „heitere" zeigt sich der große Unterschied zu den in der christlich-abendländischen Kultur gebräuchlichen verwandten Begriffen „Duldsamkeit" und „Leidensfähigkeit". Letztere drücken aus, dass wir Unangenehmes, Unerwünschtes, Schmerzhaftes *erdulden* – und dabei *leiden*. Wer lächelt denn noch, wenn er arbeitslos, ernsthaft krank, vom Partner verlassen wird? Akzeptieren, dass es geschieht und irgendwie zum Leben gehört, ist doch schon schwer genug... Und sich aufraffen und neue Wege suchen, kostet so viel Energie, wie könnte man dabei noch seine Zufriedenheit bewahren?

→ „Der Sohn des Wu" Seite 94

Gleichmut ist aber weitaus mehr als bloßes Akzeptieren-und-das-Beste-daraus-machen, wobei das schon bewundernswert und ein erster Schritt ist. Gleichmut bedeutet jedoch, *an sogenannt Leidvollem nicht mehr zu leiden*.

Dazu äußert sich die Gita wiederholt und deutlich:

„Die materiellen Berührungen, die Kälte und Hitze, Lust und Leid geben, kommen und gehen, sind vergänglich. Lerne sie auszuhalten. Der Mensch, den sie weder bewegen noch schmerzen, der standhafte und weise Mensch, gleichmütig in Freude und Leid, bereitet sich auf die Unsterblichkeit vor." [16]

„Wessen Geist nicht erschüttert ist inmitten von Leid und inmitten von Freude, ist frei von Begehren. Wer frei ist von Vorlieben und Angst und Zorn, ist ein Weiser mit gefestigter Einsicht. Wer in allen Dingen unberührt bleibt, unabhängig davon, ob Gutes oder Böses ihm geschieht, und es weder hasst noch sich darüber freut, dessen Erkenntnis ist in der Weisheit fest begründet." [17]

„Gleichmütig gegenüber Freund und Feind, gleichmütig gegenüber Ehrung und Beschimpfung, Freude und Leid, Lob und Tadel, Kummer und Glück, Hitze und Kälte, still, genügsam und zufrieden mit allem, ohne an Menschen und Dingen, Ort und Heim zu hängen, gefestigt im Geist, ein solcher Mensch ist mir lieb." [18]

"Wer Glück und Leid, Gold und Schlamm und Stein als gleichwertig betrachtet; wem das Angenehme und das Unangenehme, Lob und Tadel, Ehre und Schande, der Kreis der Freunde und der Kreis der Feinde eins sind; wer beständig in einer weisen, unerschütterlichen und unwandelbaren inneren Ruhe und Stille weilt; wer keine Tat anstrebt – dieser Mensch steht über dem Wirken der Natur." [19]

Der entscheidende Unterschied zum Erdulden und Erleiden ist offensichtlich: Es geht nicht darum, stark oder tapfer zu sein und Schmerz oder Unangenehmes auszuhalten – im Wissen, dass es vorbeigeht –, sondern so *darüber zu stehen* (oder jenseits davon), dass es *tatsächlich* nicht wehtut, *tatsächlich* nicht unangenehm ist.

→ „Bewertung – oder anhaltende innere Zufriedenheit?" Seite 94 f.

Die Ereignisse und Situationen sind an sich weder schlecht noch gut, wie die Gita uns sagt. Erinnern wir uns auch an Adams und Evas Baum der Erkenntnis von Gut und Böse im Paradies. Erst unsere Betrachtungsweise, die individuelle Bewertung, macht sie für uns angenehm oder unangenehm. Genau diese Bewertung gilt es aufzuheben. Wie könnte etwas uns wehtun, gäbe es die Unterscheidung zwischen *leidvoll* und *lustvoll* nicht mehr? Das Überwinden der Dualität (Zweiheit) ist das Anliegen der Gita, denn so wie wir nicht *wunsch-los* glücklich sind, solange wir noch Wünsche haben, sind wir ebenso wenig *gleich-mütig*, solange wir nicht alles als gleich betrachten. Und solange wir nicht gleichmütig sind, hat das Drama des Lebens mit seinen Hochs und Tiefs uns voll im Griff, unser Lebensweg führt uns von den sonnigsten Höhen auch immer wieder durch die finstersten Täler. „So ist das Leben nun einmal", hört man oft sagen. So muss das Leben nicht sein!

Selbstverständlich ist es nicht einfach, schwere Schicksalsschläge im gleichen Licht zu sehen wie einen Sechser im Lotto. Doch seien wir ehrlich, wie oft im Leben treffen sie uns? Womit wir uns wirklich häufig herumquälen sind die alltäglichen Begebenheiten, die nicht nach Wunsch verlaufen: Ich fahre im überfüllten Zug zur Arbeit und finde keinen Sitzplatz; die Erkältung ist lästig; schon wieder die Fenster putzen; das Konzert hat meine Erwartungen überhaupt nicht erfüllt; das Wetter ist schon seit Tagen schlecht;

mein Freund hat am kommenden Wochenende keine Zeit für mich; ich habe das gesuchte Buch nicht gefunden; ... Gelingt es uns nur schon, die Wertung in solchen im Grunde genommen unwichtigen, banalen Situationen abzuschaffen, sie gelassen anzunehmen und zu handeln, wie es gerade erforderlich ist, ohne Unlust, Frustration, Verärgerung und andere negative Empfindungen, sind wir der immerwährenden Zufriedenheit ein großes Stück näher gerückt.

Ich hatte vor nicht allzu langer Zeit ein eindrückliches Erlebnis (ja, auch ich vergesse meinen Gleichmut zuweilen). Ich verbrachte einige Tage in Italien am Meer. Alles stimmte wie selten, das Wetter, das Hotel, ich begegnete ausschließlich liebenswürdigen Menschen und vor allem war ich ganz im Frieden mit mir selbst.

Am Sonntagmorgen gegen zehn Uhr machte ich mich auf die Heimreise, ich wollte beizeiten zurück sein und dem Wochenendverkehr entgehen. Nach bloß 50 Kilometern auf der Autobahn – eine Panne. Ich hielt bei der SOS-Säule an und drückte auf den Knopf. Sofort meldete sich jemand und versprach, mir den Abschleppdienst zu schicken. Ich blieb also in der milden Spätsommersonne an mein Auto gelehnt stehen und stellte mich auf eine lange Wartezeit ein. Und ich schmollte ein bisschen mit dem Göttlichen, das mir nach vier schönen Tagen nun diesen Zwischenfall geschickt hatte. „Warum?", fragte ich. „Warum musste das jetzt sein?"

Unverzüglich kam die Antwort klar und deutlich in mir auf: „Warum nicht?"

Ich stutzte einen Moment. *Warum nicht?* Dann lächelte ich. Ja, warum eigentlich nicht? Warum sollte ich keine Panne haben? Warum nahm ich an, so etwas dürfe mir nicht passieren? Worin lag denn der Unterschied, ob ich barfuß auf dem Sand dem Wassersaum entlang spazierte oder auf dem Pannenstreifen stand? Den Unterschied machte nur die Bewertung, wenn ich das eine als schön und das andere als hässlich betrachtete, das eine als angenehm und das andere als unangenehm, das eine als erwünscht und das andere als unerwünscht. War denn nicht alles eins? So vertraute ich wieder darauf, dass das Göttliche schon wusste, warum ich da stand. Ich brauchte den Grund gar nicht zu erfahren, es war so, und so war es gut.

Nach dieser Erkenntnis nahm ich es tatsächlich gleichmütig an. Ich begann, das letzte im Radio gehörte Lied zu summen, und schon nach einer knappen Viertelstunde traf der Abschleppwagen bei mir ein. Ein netter junger Mann schaute sich mein Auto an und kümmerte sich um alles. Er lud es auf, wir fuhren in seine Werkstatt. Sofort machte er sich an die Arbeit – am Sonntag! – und behob den Defekt, während ich draußen im Hof mit seinen beiden großen Hunden spielte. Zwanzig Euro verlangte er für die Reparatur, und das Trinkgeld, das ich ihm aus echter Dankbarkeit in die Hand drückte, lehnte er ab.

Gut zwei Stunden nachdem ich auf der Autobahn stehen geblieben war, setzte ich meine Reise fort und kam am späteren Nachmittag ohne weitere Zwischenfälle und ohne Stau wohlbehalten zu Hause an.

Die nächste Stufe des Gleichmuts betrifft dann Ereignisse und Situationen, in denen wir emotional stärker verstrickt sind, vor allem jene, in denen wir uns verletzt fühlen: Mein Partner hat mich betrogen; meine beste Freundin hat mich angelogen; der Chef hat mich vor den Kollegen bloßgestellt; meine Mutter mischt sich in mein Leben ein und traut mir nicht zu, selbst zu entscheiden, was für mich gut ist; ...

Schaffen wir es nicht auf Anhieb, solchen Umständen mit einem Lächeln zu begegnen, so sollten wir wenigstens versuchen, sie innerlich nicht an uns heranzulassen, sie gewissermaßen von außen betrachten, als gingen sie uns nichts an. Wie der Zuschauer eines Films oder, noch treffender, wie ein Schauspieler im Theater, der sich in jedem Augenblick bewusst ist, dass List und Betrug, Mord und Totschlag nur auf der Bühne stattfinden, ihn in Wirklichkeit weder verletzen noch töten.

→ „Unterscheidung zwischen Gleichmut und Gleichgültigkeit" Seite 96 f.

Gleichmut bedeutet indes nicht, gleichgültig, fatalistisch und träge zu sein. Vielmehr gilt: Es ist nicht richtig, in eine allgemeine Apathie zu verfallen und untätig zuzuschauen, wenn unser Handeln gefordert ist. Doch es ist richtig, unabänderliche Situationen gelassen zu akzeptieren und nicht als negativ zu bewerten.

Wir beherzigen deshalb das in verschiedenen Varianten bekannte Gebet: „Lieber Gott, schenke mir die Gelassenheit hinzunehmen, was ich nicht ändern kann, die Kraft und den Mut zu ändern, was ich ändern kann, und die Weisheit, das eine vom anderen zu unterscheiden."

→ „Eine Aufgabe für Gleichmut" Seite 98

Bislang war die Rede nur von Unangenehmem, Leidvollem. Wie steht es aber mit dem Sechser im Lotto? Entziehen wir uns dank Gleichmut dem Drama des Lebens, so können wir natürlich nicht die Täler meiden, die Gipfel dennoch erklimmen wollen. Wir müssen auf dem sanften Hügelzug der heiteren Gelassenheit wandern. Auch die beglückenden Ereignisse und Errungenschaften, die uns zu Luftsprüngen verleiten möchten, sind mit einer gesunden Portion Gleichmut entgegenzunehmen.

Das will nicht heißen, wir sollten uns an dem, was uns zufällt, nicht erfreuen. Wir sind uns dabei jedoch bewusst, dass es eine nebensächliche Gabe ist, nicht die Voraussetzung zu unserer Zufriedenheit. Und dass sich im gegenteiligen Fall für uns überhaupt nichts ändern würde. Die Freuden des Daseins sind sozusagen das Sahnehäubchen auf unserem ohnehin schon süßen Seelenfrieden.

Essenz des Abschnitts „Gleichmut"

Der Gleichmut wird im Buddhismus auch „heitere Gelassenheit" genannt. Es geht dabei nicht darum, Schmerzhaftes zu erdulden, sondern an dem sogenannt Leidvollen überhaupt nicht mehr zu leiden.

Von einer höheren Warte aus betrachtet gibt es nichts Gutes und nichts Schlechtes; erst unsere Bewertung macht die Dinge dazu. Gleichmut ist das Aufheben dieser Bewertung, sodass wir alles als neutral annehmen, keinen Unterschied mehr machen zwischen angenehm und unangenehm, erwünscht und unerwünscht, geliebt und verhasst.

Bei schweren Schicksalsschlägen ist das nicht leicht. Doch wenn es uns nur schon gelingt, bei den alltäglichen Situationen gleichmütiger zu werden, ist ein großer Schritt auf dem Weg zur Zufriedenheit getan.

Das betrifft allerdings auch die freudigen Ereignisse, denn wir entkommen den Tiefs des Lebens nicht, solange wir die Hochs ersehnen.

Der Sohn des Wu *(eine Tao-Geschichte)*

Der weise Chinese Wu liebte seinen Sohn über alles. Doch als dieser starb, war er nicht traurig und man wunderte sich darüber.

Er sprach: „Bevor ich einen Sohn hatte, war ich nicht traurig. Nun ist mein Sohn gestorben und es ist wieder so wie früher, als ich noch keinen hatte. Warum sollte ich also traurig sein?"

Bewertung – oder anhaltende innere Zufriedenheit?

Es wird gesagt, Traurigkeit gehöre zum Leben, Schmerz gehöre zum Leben, Hochs und Tiefs gehörten zum Leben… Ja, sie gehören zum Leben, weil wir es zulassen. Doch es müsste nicht so sein.

Diese Aussage darf nicht gleichgesetzt werden mit der überheblichen Haltung derjenigen, die aus einer momentanen Position von Stärke und Wohlergehen all jene gnadenlos verurteilen, denen es schlecht geht: „Sie sind selber schuld. Jeder kann sein Leben selbst gestalten, man muss es eben in die Hand nehmen. Die sollen nicht so zimperlich, wehleidig, schwach sein!"

Nein: Schmerz, Leiden, Traurigkeit sind nicht selbst verschuldet. Niemand würde sich das antun, wüsste er es zu verhindern. Nur wissen die meisten Menschen nicht, wie ihnen entgehen, und leiden darunter. Das war ja auch die Erkenntnis des Buddha; deshalb suchte er einen Ausweg und fand ihn in der Nichtanhaftung.

Ist die obige Aussage „Doch es müsste nicht so sein" also unrichtig? Nein, sie bedarf nur der näheren Erläuterung. Ungeliebte Empfindungen wie Schmerz, Traurigkeit, aber auch Verletztheit, Frustration, Demütigung und andere existieren zweifellos. Sie haben stets eine auslösende Ursache (ein Ereignis, eine Situation), die an sich indessen wertfrei ist, weder gut noch schlecht: Erst durch unsere Bewertung und unsere Reaktion darauf wird sie für uns zu etwas Traurigem, Schmerzhaftem, Verletzendem. Damit sind wir wieder beim Thema der Dualität angelangt: Die einen Dinge wollen wir und hängen an ihnen (beispielsweise Reichtum), die anderen wollen wir nicht und versuchen, sie zu meiden (beispielsweise Krankheit). Gelingt es uns, sie ohne Bewertung als neutral zu betrachten, hören die ungeliebten Empfindungen auf zu existieren – die geliebten allerdings auch. Letzteres nehmen viele Menschen jedoch nicht in Kauf, sie klammern sich an das Drama des Lebens mit seinen Hochs und Tiefs und verschmähen die Möglichkeit, ihm zu entrinnen.

Es gibt tatsächlich nicht wenige, denen Gleichmut ein Gräuel ist: „Diese ewige innere Zufriedenheit: wie langweilig! Es sind doch die Höhen und Tiefen das Salz und der Pfeffer des Lebens." Wobei sie das meistens nur sagen, wenn sie sich gerade in einem Hoch befinden. Sobald sie in einer Krise stecken, wünschen sie sich nichts sehnlicher, als ihr so schnell wie möglich zu entkommen.

Doch solange der Mensch im Drama des Lebens einigermaßen glücklich ist, das heißt solange die Hochs gegenüber den Tiefs subjektiv überwiegen, besteht für ihn meistens kein Anlass, etwas zu ändern. Der Tiefpunkt, auf den er gefallen sein muss, bis er sich gezwungen fühlt, einen Schritt zu unternehmen, ist individuell.

Haben wir den Schritt geschafft, nicht mehr zwischen Schön und Hässlich, Gut und Schlecht, Geliebt und Verhasst zu unterscheiden – wenn alles eins geworden ist –, leben wir zufriedener. Um in diese Einheit zurückzukehren (in das Paradies, bevor wir vom Baum der Erkenntnis gegessen haben), müssen wir in allem das Eine sehen, in dem, was uns behagt, ebenso wie in jenem, was uns unangenehm ist, und beides als gleichwertig annehmen. Das ist dieser Gleichmut, der die Höhen und Tiefen des Lebens einebnet und uns bald schon die innere Zufriedenheit schenkt, die nicht von Äußerem abhängt und in unserem reinen Sein begründet liegt. Darin fühlen wir uns besser als auf den höchsten Gipfeln des Lebensdramas, und das ist keineswegs langweilig!

→ Vergleiche „Die Vertreibung aus dem Paradies" Seite 18

Im Gegenteil: Der einzige Weg, der Langeweile und dem Überdruss des irdischen Daseins auf Dauer zu entkommen und nicht ständig nach einem neuen „Kick" zu suchen, liegt darin, die eigene innere Entwicklung als Ziel zu setzen. Das macht das Leben jeden Tag von Neuem wahrhaft spannend.

Unterscheidung zwischen Gleichmut und Gleichgültigkeit

Gleichmut ist eine erstrebenswerte Eigenschaft und beruht im Wesentlichen auf der Erkenntnis, alles den Mitmenschen Zufallende habe einen Sinn und geschehe, um sie voranzubringen. Somit leiden wir nicht mit den Betroffenen, wir hadern nicht mit ihrem Schicksal, sondern empfinden Mitgefühl, spenden Trost und unterstützen sie.

Gleichgültigkeit hingegen ist egoistisch. Ist der Gleichgültige nicht direkt und unmittelbar von einer Situation betroffen, fehlt ihm das Einfühlungsvermögen für seinen Nächsten. Gleichgültigkeit kann aber auch ein Schutzmechanismus sein, den wir bewusst oder unbewusst einsetzen: Wir ertragen es nicht, einen Mitmenschen leiden zu sehen, weshalb wir uns hinter eine Wand der Gleichgültigkeit verschanzen.

Es ist nicht immer ganz einfach zu spüren, ob wir in einer bestimmten Situation nun gleichmütig oder bloß gleichgültig sind. Zur Verdeutlichung ein konkretes Beispiel.

Einem Bekannten geht es schlecht, weil ihm gekündigt wurde und er noch keine neue Stelle gefunden hat.

- *Verhaltensweise A.* Ich kann ihm mit Rat und Tat beistehen, seinen Klagen geduldig und verständnisvoll zuhören, ihm Mut machen und ihn aufrichten, mit Empathie, aber auch mit *Gleichmut*. Das bedeutet: Ich lasse mich nicht in sein Elend hineinziehen, was ohnehin niemandem nützt, weil ich weiß, dass die Arbeitslosigkeit einen Sinn hat, damit er etwas daraus lernt und/oder weil momentan etwas Wichtigeres ansteht, er vielleicht mehr Zeit für die Familie verwenden soll, und/oder etwas Besseres auf ihn wartet.

- *Verhaltensweise B.* Ich kann ihm aber gleichermaßen mit Rat und Tat beistehen, ihn aufmuntern, seinen Klagen zuhören, etwa weil ich mich nicht traue, ihn abzuweisen oder aus Sensationslust. Die Situation lässt mich jedoch kalt, ich empfinde keine Empathie, es ist mir in Wahrheit *gleichgültig*, schließlich betrifft es nicht mich. Möglicherweise empfinde ich gar Schadenfreude, wenn ich meine, er habe seine Lage selbst verschuldet.

Ist dieser Bekannte nicht besonders feinfühlig, wertet er beide Verhaltensweisen gleich, denn äußerlich wirken sie gleich. Nur wir selbst spüren jeweils, ob wir gleichmütig oder gleichgültig sind.

Das wichtigste Anzeichen für Gleichmut ist eine innere gesetzte Ruhe und Stärke, zudem fühlen wir uns gut und zufrieden dabei, sicher und zuversichtlich, wir empfinden Wärme und Mitgefühl. Demgegenüber geht die Gleichgültigkeit mit einer kalten Gelassenheit und Teilnahmslosigkeit einher. Nicht selten spüren wir dabei jedoch ein unbestimmtes Unbehagen, vielleicht nur für einen kurzen Augenblick: Das ist die Innere Stimme, die uns meldet, dass wir nicht richtig handeln.

Eine Aufgabe für Gleichmut

Wahrhaft gläubige Muslime sagen in jeder Situation „Al-hamdu li-llah" (= Lob sei Gott, in der Bedeutung von „Dank sei Gott!"), egal ob sie im Lotto gewonnen haben oder eine Katastrophe geschehen ist. Das nehme ich mir zum Vorbild:

- Ich danke für alles, was mir gegeben wird, beispielsweise für das Essen, das vor mir auf dem Tisch steht; für den Spaziergang, den ich mache; für das Gespräch, das ich mit jemandem führe; für die Kränkung, die ich gerade eingesteckt habe; für die Erkältung, die mich plagt; für die Entlassung von meiner Arbeitsstelle; für den Verlust meiner Brieftasche.
- Ich spreche diesen Dank jedes Mal bewusst in Gedanken aus, mit der Formulierung, die für mich persönlich stimmt (Danke lieber Gott für …, Danke Göttliche Mutter für …, Ich danke euch höheren Mächten für …, oder mit anderen Worten) und bemühe mich, diese Dankbarkeit tatsächlich zu fühlen, selbst wenn das „Geschenk" mir Leiden oder Traurigkeit gebracht hat.
- Ich danke im Bewusstsein, dass was mir auch zugefallen ist, dem Höheren Willen entspricht, einen Sinn hat und gut für mich ist.

Damit fördere ich meinen Gleichmut gegenüber jeder Situation, in der ich mich gerade befinde, und ebenfalls mein Urvertrauen.

4. Das Zusammenspiel von Urvertrauen, Selbstwertgefühl und Gleichmut

Wie könnte Urvertrauen nicht Gleichmut hervorrufen? Und worauf sollte unser Selbstwertgefühl gründen wenn nicht auf Urvertrauen? Lässt sich Gleichmut leben ohne Selbstwertgefühl und ohne Urvertrauen? Die drei Pfeiler des Karma Yoga unterstützen einander gegenseitig und bringen uns in ihrem Zusammenwirken die anhaltende innere Zufriedenheit, Sorglosigkeit und Lebensfreude.

→ „Die drei Pfeiler des Karma Yoga" Seite 103

Unser Urvertrauen hilft uns, das Selbstwertgefühl aufzubauen oder zu stärken. Fühlen wir uns nämlich im Leben getragen und geführt und vertrauen wir darauf, dass alles, was uns geschieht, einen Sinn hat und unsere innere Entwicklung vorantreibt, so wird es uns leichter fallen, die Abhängigkeit von der Wertschätzung anderer Menschen abzulegen und nicht mehr alles zu tun, um ein bisschen Liebe und Anerkennung zu bekommen. Wir sind dann zuversichtlich, für jeden vermeintlichen Freund, der uns verlässt, einen neuen, wahren Freund zu finden. Wir verlieren die Angst, unser Verhalten könnte Konsequenzen auslösen, unter denen wir leiden, und trauen uns beispielsweise, uns dem tyrannischen Chef zu widersetzen oder uns von unserem notorisch untreuen Partner zu trennen.

Wollen wir umgekehrt das Urvertrauen stärken, ist ein gutes Selbstwertgefühl nützlich; manchmal werden die beiden sogar gleichgesetzt. Wir halten uns selbst für wertvoll, vertrauen uns selbst. Aber wer ist denn wertvoll, wer ist es, dem wir vertrauen? Es ist das Höhere in uns, die Seele, der göttliche Kern – darauf gründet ja das Selbstwertgefühl. Vertrauen wir eher einer höheren Macht, einem Göttlichen außerhalb von uns, sprechen wir von Urvertrauen. Urvertrauen und Selbstwertgefühl sind gewissermaßen die zwei Seiten der gleichen Medaille.

Für beide ist Gleichmut unabdingbar. Sind wir nicht bereit, die Folgen unseres durch Selbstwertgefühl geprägten Verhaltens gleichmütig anzunehmen, werden wir es nicht wagen, wir selbst zu sein, und von Menschen abhängig bleiben. Ohne Gleichmut ist es ebenfalls schwierig, das Urvertrauen zu festigen. Dürften wir denn aufrichtig bekunden: „Ich nehme alles an, was mir geschickt wird", wenn

> Vergleiche „Von Ängsten und Wünschen zum Urvertrauen" Seite 60

wir immer noch die Freude anstreben und dem Leid ausweichen? Dann würde uns weiterhin die Angst vor Konsequenzen, Veränderungen und vor dem Ungewissen begleiten, und Angst ist Urvertrauen diametral entgegengesetzt.

Etwas salopp ausgedrückt: Ohne den Gleichmut geht gar nichts. Tröstlich und ermutigend ist dafür, dass wir ihn in der Regel schneller und einfacher erlangen als die beiden anderen Eigenschaften. Urvertrauen ist ja ein Geschenk, um das wir zwar bitten und uns bemühen, das sich jedoch nicht herbeizwingen lässt. Das Selbstwertgefühl aufzubauen oder zu stärken, ist ein längerer Prozess, der nicht von heute auf morgen vollbracht ist. Gleichmut hingegen können wir uns gewissermaßen angewöhnen, anerziehen, es braucht nicht mehr als ein bisschen Willenskraft und Disziplin; dabei arbeiten wir gleichzeitig automatisch am Selbstwertgefühl und am Urvertrauen.

Das Übungsfeld sind die Alltagsbegebenheiten. Wir hören auf zu werten, teilen also nicht mehr in Gut und Schlecht, Angenehm und Unangenehm und andere Gegensätze ein: „Es ist, wie es ist, und so ist es gut". Einige Beispiele:

• Ich stelle fest: „Es ist heiß heute" (neutrale Feststellung), und ich sage nicht: „Puah, ist das furchtbar heiß heute". Selbst wenn mir der Schweiß nur so herunterläuft, bemühe ich mich, diesen Zustand nicht als unangenehm zu empfinden (ändern kann ich ihn sowieso nicht).

• Ich stelle fest: „Mein Chef war heute ungerecht zu mir" (objektive Aussage) und füge hinzu: „Aber es macht mir nichts aus, es hat nichts mit mir zu tun, es ist seine Angelegenheit, nicht meine", und ich sage nicht: „Der Idiot ist immer parteiisch und benachteiligt mich". Ich fühle mich nicht angegriffen oder bloßgestellt, versuche, mich dabei genauso gut zu fühlen, wie wenn er mich gelobt hätte; das stärkt mein Selbstwertgefühl. Zudem sagt mir mein Urvertrauen, niemand könne mich verletzen, wenn es nicht so für mich bestimmt ist, und dass es einen Sinn habe. Ich überlege, was es für mich bedeutet, was ich daraus lernen soll. Meistens wird es nur den Sinn haben, mich Gleichmut zu lehren und/oder mein Selbstwertgefühl zu prüfen.

• Ich stelle fest: „Ich putze heute die Wohnung" (emotionslose Aussage), und ich sage nicht: „Ich muss heute die Wohnung putzen" mit dem Unterton: „Ich habe überhaupt keine Lust, ich ginge viel lieber schwimmen". Und ich putze die Wohnung, ohne die Arbeit lange vor mir herzuschieben, ich erledige sie ganz gleichmütig, ich wünsche mir nicht, etwas anderes zu tun. Vielleicht gelingt es mir dann sogar, Freude daran zu haben.

- Ich stelle fest: „Ich habe eine Grippe" (neutrale Feststellung) und ergänze, zumindest in Gedanken: „Aber ich leide nicht darunter", und ich sage nicht: „Mein Hals tut so weh, meine Glieder schmerzen, ich fühle mich soooo elend". Ich bemühe mich, die Schmerzen nicht als leidvoll zu empfinden und sie mir nicht wegzuwünschen. Voller Urvertrauen denke ich: „Wenn ich krank bin, wird es schon einen Sinn haben." Dabei kann ich auch meine Selbstliebe stärken, indem ich mir beispielsweise Ruhe gönne – obwohl noch viel zu tun wäre – oder einen Freund um Hilfe bitte, er möge für mich einkaufen gehen, mir einen Tee ans Bett bringen, ... Und ein Schmerzmittel darf ich natürlich auch einnehmen.

Des Weiteren achten wir bei unseren Gedanken und Worten darauf, keine Ausdrücke zu benutzen wie „Ich möchte unbedingt", „Ich wünsche mir sehnlichst", „Besäße ich doch bloß", „Ich liebe es so sehr, das und das zu tun", „Ohne das könnte ich nicht leben" und ähnliche, die Wünsche und Verlangen äußern. Ebenso vermeiden wir Superlative und alle übertriebenen Äußerungen, besonders mit beliebten verstärkenden Wörtern wie *sehr, unheimlich, furchtbar, super, mega, wahnsinnig* und mehr. Einige Beispiele: „Dieser Film ist schön" und nicht „Dieser Film ist wahnsinnig schön"; „Ich bin müde" und nicht „Ich bin furchtbar müde"; „Ich bin froh, dass ..." und nicht „Ich bin unheimlich froh, dass ...".

Wie gesagt: Wollen wir das Zutodebetrübt loswerden, so müssen wir auch das Himmelhochjauchzend relativieren. Deshalb hüten wir uns im Alltag davor, bei Angenehmem, Erwünschtem, das uns zufällt, in maßlose Begeisterung darüber zu verfallen. Bitte nicht missverstehen: Wir freuen uns und zeigen unsere Freude, doch sie soll dem Herzen, der Seele entspringen, gepaart mit Dankbarkeit, getragen von der inneren Zufriedenheit, die unabhängig von der äußeren Situation stets unveränderlich in uns ist.

Die Möglichkeiten, im Alltag unseren Gleichmut gemeinsam mit Selbstwertgefühl und Urvertrauen zu praktizieren und dadurch alle drei zu fördern, sind unendlich. Üben wir im Kleinen, sind wir gewappnet, wenn wir einmal Schwereres zu tragen haben.

Essenz von Kapitel VI

Urvertrauen, Selbstwertgefühl und Gleichmut sind die tragenden Eigenschaften eines zufriedenen Lebens; sie begünstigen einander gegenseitig.

Von den dreien ist der Gleichmut in der Regel am einfachsten zu üben und zu erlangen, denn er bedarf in den banalen Alltagssituationen „nur" der Achtsamkeit und der Willenskraft.

Das Urvertrauen wird uns hingegen als Gnade geschenkt, und die Stärkung des Selbstwertgefühls bedingt meistens einen längeren Prozess.

Die drei Pfeiler des Karma Yoga

Sonniges Dasein: Zufriedenheit, die aus dem Innern kommt, Lebensfreude, Sorglosigkeit, Leichtigkeit		
Urvertrauen	**Selbstwertgefühl**	**Gleichmut**
Alles hat einen Sinn, um mich zu lehren und mich weiterzuführen. Ich bekomme alles, was ich brauche und mir guttut. Es kann mir nichts geschehen, was nicht gut für mich ist. Ich brauche also nichts zu fürchten, ich darf mutig sein. „Du kannst nicht tiefer fallen als nur in Gottes Hand."	Ich liebe mich selbst, ich bin in mir selbst geborgen. Ich nehme mich an, wie ich bin; ich bin wertvoll an sich, als menschliches und göttliches Wesen. Ich bin nicht abhängig von anderen Menschen, von ihrer Bewertung, ihrem Urteil, ihrer Liebe. Ich darf in jeder Situation ich selbst sein.	Ich werte nicht, unterscheide nicht zwischen Gut und Schlecht, Angenehm und Unangenehm, Geliebt und Verhasst. Ich akzeptiere alles, was mir gegeben und was mir genommen wird. Ich tue in jedem Augenblick, was gerade zu tun ist, und lasse mich nicht von Lust und Unlust bestimmen. Ich nehme nicht alles so wichtig.

VII. Und jetzt: Wie handeln im Alltag?

Urvertrauen, Selbstwertgefühl und Gleichmut sind wohl die Pfeiler des Karma Yoga, doch in erster Linie geht es bei dieser Lehre um das konkrete Handeln. Wie sollen wir uns denn nun verhalten, im gewöhnlichen, alltäglichen Leben? Ergänzend zu den Aussagen, die Sie bereits aus Kapitel V kennen, erläutere ich nachfolgend die drei wichtigsten Aspekte näher:
- *Immer tun, was gerade zu tun ist*
- *Jede Handlung so gut wie möglich tun*
- *Auf die Innere Stimme hören.*

1. Immer tun, was gerade zu tun ist

Im Allgemeinen handeln wir, wenn wir nicht zu etwas genötigt sind, nach dem Prinzip von Lust und Unlust. Es gibt eine Menge Dinge, die wir gern tun, und ebenso viele, die wir ungern erledigen, abgesehen von den neutralen, die für uns weder besonders anziehend noch besonders lästig sind. Dadurch wechseln wir fortwährend zwischen Freude und Widerwillen.

Zudem verschleudern wir viel Energie, um über künftige lustvolle Vorhaben (den Feierabend, eine Party, das Wochenende, einen Besuch bei Freunden, die Lektüre eines Buches, den Urlaub oder die Beschäftigung mit einem Hobby) nachzusinnen und sie herbeizusehnen. Zum einen verpassen wir dadurch die Gegenwart, zum andren öffnen wir der Enttäuschung, der Frustration und dem Unmut Tür und Tor: falls die erträumte Situation dann in der Wirklichkeit nicht unseren Vorstellungen entspricht, wenn etwas Unvorhergesehenes dazwischenkommt oder uns den Genuss vermiest. Dabei sind wir alles andere als gleichmütig.

Ebenso viele Gedanken und Empfindungen verschwenden wir an Unangenehmes. Immer wieder müssen wir ja etwas tun, wozu wir keine Lust haben, und wir wissen alle, wie missmutig wir uns beim Verrichten solcher Tätigkeiten fühlen und wie lästig es ist, wenn diese noch vor uns liegen. Ganz zu schweigen von der Energie, die wir ins Aufschieben und Umgehen investieren.

Bedenken wir, dass der größere Teil des Tages aus Pflichten besteht: Wie traurig, wenn es uns nicht gelingt, an diesen Freude zu finden! Wir vergeuden dann unser Leben lustlos und armselig. Das führt auch dazu, dass wir sogenannte Freude in jeglicher Art von Genuss suchen, ja süchtig nach Vergnügen und Ablenkung werden und unsere Freizeit oft auf sinnlose, gar dumme Weise ausfüllen. Wir merken nicht, wie es sich nur um vermeintliche Freude handelt, die in Wahrheit nichts als eine Flucht ist.

Es ist normal, menschlich, die einen Dinge anderen vorzuziehen. Doch dadurch sind wir dem Drama des Lebens mit seinem Auf und Ab unterworfen und weit entfernt von der anhaltenden Zufriedenheit. Um dem zu entgehen, müssen wir lernen, alles gern, oder zumindest gleichmütig, ohne Abneigung, zu tun. Das ist gar nicht so schwer, es braucht nur ein bisschen guten Willen und etwas Ausdauer, um dabei zu bleiben, bis sich dieses Verhalten als Gewohnheit in uns eingeprägt hat.

Wir fassen einen Vorsatz, an den wir uns künftig einfach halten, ohne ihn zu hinterfragen: *Ich mache stets das, was gerade ansteht.* Ob im Haushalt, im Beruf oder in meiner Freizeit, sobald ich sehe, dass etwas getan werden sollte (und ich *sehe* es, alles andere sind faule Ausreden), dann tue ich es, *sofort, ohne Aufschub.* Beispiele:
- Der Rasen ist nachgewachsen. Ich mähe ihn und zwar gründlich, auch unter den Büschen, wo es nur von Hand geht – und ich warte nicht zu in der Hoffnung, dass es bald regnet und ich nicht mähen kann.
- Es ist keine Milch mehr da. Ich gehe einkaufen – und denke nicht: „Trinken wir den Kaffee eben ohne".
- Das Ablagekistchen ist voll. Ich ordne die Papiere und hefte sie ab – und finde nicht, eine andere Aufgabe sei dringlicher, weil sie mir lieber ist.
- Das Bild hängt schief. Ich gleiche es aus, muss ich auch einen neuen Nagel einschlagen und das alte Loch zukitten – und ich meine nicht, es hänge jetzt schon lange so, ich hätte mich bereits daran gewöhnt.
- Auf dem Teppich entdecke ich einen Fleck. Ich bemühe mich, ihn zu entfernen, selbst wenn es anstrengend ist – und stelle nicht einen Blumentopf darauf.

Alle Aufgaben, die sich gerade zur Erledigung anbieten, seien es banale oder bedeutsame, leichte oder mühselige, beliebte oder verhasste: Wir packen sie sofort an, ohne sie aufzuschieben, ohne zu murren und ohne ausdrückliche Aufforderung.

Dabei achten wir besonders darauf, *augenblicklich* damit zu beginnen, ohne zweimal darüber nachzudenken, sonst kommt schnell Unlust auf, der wir gern nachgeben. Nehmen wir diese trotzdem wahr, setzen wir uns über sie hinweg. Es ist nur ein kurzer Moment, in dem wir unsere ganze Willenskraft aufbringen und der Trägheit „Nein!" sagen müssen. Nachher vertiefen wir uns derart in die jeweilige Tätigkeit, dass für nichts anderes mehr Platz in uns ist. In der Regel kommt dadurch auch kein Widerwille mehr auf, mit dem wohltuenden Nebeneffekt, dass wir auf diese Art vollständig in der Gegenwart leben, die Aufgabe schneller und besser bewältigen und oft sogar Freude empfinden.

Das können wir folgendermaßen üben: Bei jeder Arbeit, jeder Handlung bin ich ganz bei der Sache, ganz auf das Tun konzentriert, ich hänge nicht fremden Gedanken nach. Ich gebe mich uneingeschränkt hin, sodass *ich die Tätigkeit bin*. Ich befinde mich völlig im Hier und Jetzt, halte meine Konzentration auf die Tätigkeit gebündelt. Ein Beispiel: Beim Bügeln konzentriere ich mich derart auf das Bügeleisen und meine Hand, die es hält und bewegt, dass ich mit dem Werkzeug verschmelze, ich bin nur noch dort, wo es über den Stoff gleitet. Das führt zu einer Art Selbstvergessenheit, als gäbe es mich gar nicht mehr. Ich bin nur noch Tätigkeit.

2. Jede Handlung so gut wie möglich tun

Bei Pflichten, die wir nicht mögen, neigen wir dazu, nur das Nötigste zu tun, vielleicht sogar etwas fahrlässig und liederlich. Das widerspricht dem Prinzip unserer Vervollkommnung – wir wollen uns doch verbessern und innerlich entwickeln, um zur anhaltenden Zufriedenheit zu gelangen. Deshalb geben wir bei allem, was wir tun, immer unser Bestes, unseren Fähigkeiten und der uns zur Verfügung stehenden Zeit entsprechend.

Wir verfallen dabei jedoch nicht in einen Perfektionismus, dessen Ursache – aus mangelndem Selbstwertgefühl – in der Angst zu versagen, der gefürchteten Kritik der Mitmenschen und Ähnlichem liegt. Im Gegenteil: Haben wir nach bestem Wissen und Gewissen gehandelt, im Rahmen unserer Möglichkeiten, so akzeptieren wir das Ergebnis mit Gleichmut, auch wenn es nicht gut ausfällt. Wir machen uns keine Vorwürfe und tragen keine Schuldgefühle mit uns herum. Wir können ja nicht mehr tun, als wir vermögen! Und auch von anderen lassen wir uns keine Vorwürfe gefallen: Genügt unsere *hundertprozentige* Leistung nicht, nun gut, mehr haben wir nicht zu bieten. Das dürfen wir uns und anderen eingestehen, ohne dass unser Selbstwertgefühl darunter leidet. Denken wir daran, wie jeder Mensch im Weltschauspiel seine eigene Rolle besetzt und jede Rolle gleich wichtig ist, es braucht den Bettler ebenso wie den König, den Unvollkommenen ebenso wie den Alleskönner.

→ Perfektionismus ist eines der vielen Themen meines Buches „Ich liebe mich selbst 2"; Info siehe Seite 136

Unser Bemühen, alles so gut wie möglich zu machen, trägt zudem dazu bei, dass wir sogar den eigentlich ungeliebten Tätigkeiten dadurch einen höheren Sinn verleihen und an ihnen mehr Freude finden.

In diesen Kontext gehört noch der Respekt vor den Gegenständen. Wir gehen mit ihnen sorgsam um, nutzen sie ihrem Zweck entsprechend und pflegen sie. Haben wir keine Verwendung mehr für sie, geben wir sie an jemanden weiter, der sie weiterhin gebrauchen kann, oder, ist ihre Lebenszeit abgelaufen, entsorgen wir sie achtsam.

3. Auf die Innere Stimme hören

Seien wir ehrlich: Wir wissen doch (fast) immer, welches Verhalten für uns richtig und welches falsch ist. Beispielsweise in Bezug auf die ungeliebten Tätigkeiten: Wir wissen ja, dass wir sie erledigen und nicht aufschieben sollten. In uns ist nämlich eine „Stimme der Wahrheit". Sie kann jedoch viel mehr, als uns lediglich ins Gewissen reden, wenn wir keine Lust haben, etwas Anstehendes zu tun. Sie vermag uns durch unser ganzes Leben zu leiten, in jedem einzelnen Augenblick.

Die meisten Menschen haben schon einmal etwas wie eine Eingebung oder eine Vorahnung erfahren, eine Mitteilung also aus einer unbestimmten Quelle über ein bevorstehendes Ereignis, eine zu treffende Entscheidung, eine Warnung. Auch reagieren wir manchmal spontan, nicht der gewohnten Verhaltensweise entsprechend, und wundern uns nachher, dass wir dazu in der Lage waren. Oder Worte kommen uns ohne zu denken über die Lippen und wir sagen staunend: „Ich weiß nicht, warum ich das gesagt habe". Ferner kennen wir alle die Situationen, wenn wir in etwas getrieben werden und spüren, keine Wahl zu haben, es einfach tun müssen, zuweilen sogar entgegen jeder Vernunft und Vorsicht handeln. Viele dieser Phänomene können wir unserer Inneren Stimme zuschreiben. Sie ist die Stimme der Seele, die uns auf dem Lebensweg leitet. Sie ist es, die uns an Erfahrungen heranführt, unsere Entscheidungen in die Richtung beeinflusst, die gut für uns ist, und uns warnt, wenn wir uns falsch verhalten.

Wir alle besitzen die Innere Stimme – ebenso wie wir alle eine Seele besitzen – und dieser „sechste Sinn" ist bei dem einen Menschen nicht besser ausgebildet als bei einem anderen, wie es für die körperlichen Sinne zutrifft (Hören, Sehen, …). Meinen wir, sie nicht zu hören, so liegt es daran, dass sie sich in der Regel nur sehr leise, nicht klar und deutlich äußert, nicht mittels Worten und der uns vertrauten Sprache, sondern vielmehr mit Empfindungen, unbestimmten Wahrnehmungen, inneren Zeichen. Zudem wiederholt sie sich nicht unmittelbar, wenn wir ihr nicht gleich gehorchen.

Deshalb ist sie einerseits nicht leicht zu vernehmen und andrerseits, selbst wenn wir „etwas" hören oder spüren, nicht so eindeutig von anderen Stimmen in uns (des Verstandes, der Emotionen) zu unterscheiden. Ihre „Sprache" zu verstehen, kann man indes üben, kennt man einmal ihre Eigenheiten. Die Fortschritte sind dabei beachtlich, denn der Lernprozess verläuft nicht linear, sondern exponentiell. Das heißt: Die ersten Schritte sind unsicher, zaghaft, bescheiden und bestehen in einem bewussten Bemühen, aufmerksam und wach zu sein. Doch je häufiger wir unsere Innere Stimme erkennen und ihr vertrauen, desto deutlicher spricht sie. Umgekehrt wird sie leiser und leiser, missachten wir sie.

→ „Die 'Sprache' der Inneren Stimme" Seite 114

Die Innere Stimme meldet sich unaufgefordert, und zwar immer dann, wenn wir im Begriff sind, das Falsche zu denken, zu sagen oder zu tun. Sie meldet sich nicht, um uns zu bestätigen: „Das machst du richtig, weiter so!" Deshalb gilt: Solange wir nichts hören, gehen wir davon aus, unsere Seele billige, was wir gerade denken, sagen oder tun.

→ „Die Innere Stimme des Sokrates" Seite 116

Konkret auf das Alltagsleben bezogen, bedeutet es, dass wir uns einfach spontan verhalten – auch diese Spontaneität ist ein Ausdruck der Seele –, nämlich so, wie wir es in jedem Augenblick spüren und möchten. Zugegeben, dazu braucht es ein bisschen Mut: Wir müssen darauf vertrauen, dass die Innere Stimme sich bestimmt meldet, falls unser Verhalten vom Ego gesteuert ist. Das wird uns mehr und mehr gelingen, je stärker wir unser Urvertrauen und unser Selbstwertgefühl entwickeln.

→ „Spontaneität im Alltag" Seite 113

Eine gewisse Verunsicherung mag anfänglich aufkommen, wenn wir nichts hören. Wir sind uns dann nicht sicher, ob sich die Innere Stimme tatsächlich nicht meldet, weil wir uns auf dem richtigen Weg befinden, oder ob sie zwar mit uns spricht und wir sie bloß nicht hören. Aber wie sollen wir uns denn sonst verhalten, wenn nicht so, wie wir es spüren?

Wir wissen doch in Wirklichkeit immer, was wir wollen. Gehen wir also grundsätzlich immer davon aus, dass es der Wunsch der Seele ist, außer wir wären absolut vom Gegenteil überzeugt. Und vertrauen wir darauf, in jeder Tat liege zumindest der Sinn, uns etwas zu lehren, gerade dann, wenn sie ein „Fehler" war.

Wie gesagt: Die Innere Stimme meldet sich von sich aus, wenn sie uns davon abhalten will, das zu denken, zu sagen oder zu tun, was wir gerade beabsichtigen oder bereits begonnen haben. Hören wir sie, sollten wir ihr unbedingt gehorchen und innehalten. Dabei stehen uns oft unsere Zweifel im Weg. Wir sind es gewohnt und es entspricht unserer Erziehung, nur auf den Verstand zu bauen, sodass wir Mühe haben, vagen Empfindungen zu vertrauen. „Und wenn es falsch ist?", fragen wir uns sorgenvoll. Wir haben Angst, „falsch" zu handeln, weil wir die Konsequenzen fürchten. An dieser Stelle sei nur auf den Abschnitt über das Urvertrauen von Kapitel VI verwiesen, in dem erläutert wird, dass diese Ängste grundlos sind: Die Folgen des Handelns hängen nicht direkt von uns ab, sondern es kommt stets alles so, wie es gut für uns und alle Beteiligten ist.

Völlig unberechtigt sind diese Zweifel allerdings nicht: Leider kommt nicht jede Stimme, die wir vernehmen, aus der Seele. Wir hören ebenso die verschiedenen Stimmen des Ego. Aber haben wir denn eine Wahl? Unser Verstand gibt uns keine Garantie, richtig zu entscheiden und zu handeln, weil er nicht allwissend ist und ihm wichtige Kenntnisse und Kriterien fehlen; nicht selten missbrauchen wir ihn, um unsere Wünsche und Begierden, ebenso wie unsere Trägheit und Angst zu rechtfertigen.

→ „Unterscheidung zwischen der Stimme der Seele und den Stimmen des Ego" Seite 115

Somit bleibt uns gar nichts anderes übrig, als den Versuch zu wagen und auf die Stimme, die wir für diejenige der Seele halten, zu hören und ihr zu vertrauen. Je häufiger wir es tun, umso schneller lernen wir, diese wahrhaftige Stimme von anderen, die uns irreführen, zu unterscheiden.

Neben den gewöhnlichen Alltagssituationen, in denen wir einfach spontan sind und nur innehalten, wenn sich die Innere Stimme warnend einschaltet, kennen wir auch solche, in denen wir ganz bewusst Entscheidungen treffen müssen. In diesen Fällen befragen wir die Innere Stimme direkt, wozu es verschiedene Methoden gibt; hier stelle ich zwei vor, bei denen wir in uns gehen und der Seele lauschen.

Bei beiden konzentriere ich mich in meiner Mitte (Stelle in der Mitte der Brust hinter dem Herzen) und werde innerlich still, indem ich meinen Atem beobachte, ohne ihn zu beeinflussen. Ich schaue einfach zu, wie die Luft hereinströmt und wieder hinaus. Kommen Gedanken auf, gehe ich nicht auf sie ein und lasse sie vorbeiziehen. Sobald ich einigermaßen ruhig bin (das dauert in der Regel nur wenige Minuten), gehe ich wie folgt vor:

→ Vergleiche die Merkmale und Unterscheidungskriterien für die Innere Stimme, Seite 114 f.

• *Variante 1.* Ich stelle in Gedanken die Frage, auf die ich eine Antwort suche, und beobachte, was in mir geschieht, regungslos, wie unbeteiligt, ohne Anstrengung oder bewusste Hinwendung. In diesem Moment kann die Antwort als augenblickliche, kurze, einfache und unmissverständliche Eingebung aufkommen, als ein sicheres Wissen. Ob es tatsächlich aus meiner Seele stammt, erkenne ich daran,

dass ich dabei ganz ruhig bin, nicht aufgewühlt oder erregt, also frei von Emotionen wie Wut, Eifersucht, Angst, Begeisterung, Leidenschaft, auch von wirr kreisenden Gedanken.
• *Variante 2.* Ich hole mir die erste Alternative in meine Gedanken (nur eine knappe, nüchterne Vorstellung der Möglichkeit, vorzugsweise bildhaft, ohne Wertung und ohne an Konsequenzen oder anderes zu denken) und nehme wahr, was diese Vorstellung auslöst; ein leichtes, schwach spürbares, meistens sehr kurzes Unbehagen oder unangenehmes Empfinden deutet darauf hin, dass diese Alternative nicht die richtige ist. Danach gehe ich gleich vor mit den anderen Alternativen, einer nach der anderen.

Die zweite Variante kann sowohl als einziges, eigenständiges Vorgehen, aber auch als zweite Chance angewandt werden, falls wir zuvor durch die Variante 1 keine Antwort gefunden haben.

Beide Methoden funktionieren nicht immer: Entweder wir nehmen überhaupt nichts wahr oder (bei Variante 2) spüren bei allen Alternativen das besagte Unbehagen. Das kann folgende Gründe haben:
• Ich bin noch nicht genügend geübt, meine Innere Stimme zu hören, das heißt, sie ist für meine „inneren Ohren" noch zu leise; und/oder
• meine Gedanken, Zweifel oder Emotionen haben die aufkommende Antwort der Seele im Keim erstickt; und/oder
• es spielt – von einer höheren Warte aus betrachtet – keine Rolle, wie ich mich entscheide, es kommt dann schon so, wie es kommen muss; und/oder
• ich soll lernen, meine Unsicherheit in Bezug auf Entscheidungen abzulegen, spontan entscheiden und darauf vertrauen, dass meine Seele mich ohnehin in jedem Augenblick lenkt (und nicht nur, wenn ich sie bewusst befrage).

Seit nunmehr bald drei Jahrzehnten vertraue ich meiner Inneren Stimme bedingungslos und sie hat mich noch nie getäuscht. In Schwierigkeiten geriet ich immer nur dann, wenn ich mich, von meinem Ego getrieben, über sie hinwegsetzte.

Ich könnte unzählige Geschichten davon erzählen. Ich beschränke mich hier auf eine, die zeigt, wie spontanes, intuitives Handeln, ohne Nachdenken und Hinterfragen „richtig" ist. Ich halte es nämlich so, dass ich tue, was ich gerade spüre, ich folge meinen Impulsen, ohne den Verstand um Rat zu fragen; meldet sich dann meine Innere Stimme, um mich zu warnen, so lasse ich es augenblicklich bleiben.

Viele Jahre lang reiste ich jeden Winter in den Oman und kaufte jeweils Weihrauch für ein Jahr ein. Als ich das letzte Mal nach meiner Rückkehr den Koffer auspackte, war ich erstaunt, ein Vielfaches davon vorzufinden, und ich fragte mich, was wohl in mich gefahren war. In der Tat hatte ich auf jedem Markt Lust verspürt, Weihrauch zu kaufen, ohne zu überlegen, völlig spontan, während ich in früheren Jahren gezielt nur einen Sack erworben und dann nicht mehr daran gedacht hatte.

Es zeigte sich, dass es richtig gewesen war: Jene Reise in den Oman war meine letzte gewesen – was ich damals aber nicht wusste – und mein normaler Jahresvorrat an Weihrauch wäre längst aufgebraucht. So hingegen besitze ich nach wie vor davon und er wird noch eine Weile reichen.

Natürlich wäre es keine Tragödie, müsste ich den Weihrauch hier viel teurer kaufen oder darauf verzichten. Allerdings beweist mir mein „unverständlicher Kaufrausch" von damals einmal mehr, wie sehr ich mich auf mein spontanes Handeln, ohne Eingreifen des Verstandes, verlassen darf.

Essenz von Kapitel VII

Das Handeln im Alltag ist das Thema des Karma Yoga. Auf drei Aspekte konzentrieren wir uns dabei:
* *Wir tun in jedem Augenblick das, was gerade zu erledigen ist, ohne uns von Lust und Unlust leiten zu lassen.*
* *Was wir auch machen, wir geben unser Bestes, ohne in Perfektionismus zu verfallen.*
* *In jeder Situation vertrauen wir der Inneren Stimme, sei es dass wir spontan handeln, sei es dass wir sie bei Entscheidungen bewusst fragen. Wir achten besonders darauf, uns nicht von den Stimmen des Ego verführen zu lassen.*

Spontaneität im Alltag

Das Leben ist viel leichter und freudiger, wenn wir so sind, wie wir sind, ohne uns immer zu kontrollieren, zurückzuhalten und Angst zu haben, wir könnten etwas sagen oder tun, wofür wir ausgelacht, verurteilt, getadelt werden. Kinder sind bis zu einem gewissen Alter völlig spontan – nachahmenswert!

Spontaneität ist eine der Folgen eines gestärkten Urvertrauens und eines gesunden Selbstwertgefühls. Sie lässt sich aber auch im Alltag einüben.

Natürlich ist es nicht damit getan, uns zu sagen: „Jetzt sei doch mal ein bisschen spontan!", wie wir es zuweilen von anderen zu hören bekommen. Am Anfang wird unsere „Spontaneität" nicht wirklich unbedacht sein, sondern gewollt, wir zwingen uns gewissermaßen dazu.

In der Regel hindert uns die Selbstkontrolle daran, uns so zu verhalten, wie wir es unmittelbar möchten. Ihr zugrunde liegt die Unsicherheit, wie wir auf andere wirken und wie sie uns beurteilen.

Über diese Angst müssen wir uns hinwegsetzen. Spüren wir also den Impuls, etwas zu sagen oder zu tun, so zwingen wir uns dazu, es zu sagen oder zu tun. Es ist normal, dass im *ersten Moment* unsere innere Bremse uns davon abhalten wird. Wichtig ist, es dann im *zweiten Moment* nachzuholen und trotzdem zu tun, obwohl es, wie gesagt, nicht mehr echt spontan ist. Einige Beispiele:
- Ich scheue mich nicht, meine Emotionen auszuleben: eine Grimasse zu schneiden, auf der Straße zu hüpfen, laut zu lachen oder meinen Tränen freien Lauf zu lassen, jemanden vor Freude zu umarmen.
- Was mir auf der Zungenspitze liegt, sage ich, selbst eine Kritik, einen Vorwurf, einen Scherz, ein Lob, eine liebe Anerkennung.

Dieses anfänglich erzwungene Verhalten wird sich mehr und mehr zu unserem gewöhnlichen wandeln, sodass wir dann irgendwann bereits im ersten Moment authentisch und spontan reagieren.

Gehen Sie einmal dieses Risiko ein – das in Wirklichkeit keines ist – und staunen Sie, wie angenehm und einfach es ist, so locker und gelöst durch das Leben zu gehen. Und wie selten Ihre Mitmenschen Sie dafür verurteilen, auch wenn, oder gerade weil Sie sich trauen, Sie selbst zu sein.

Und: Keine Angst, Ihre innere Stimme wird Sie stets bremsen, sollen Sie etwas nicht sagen oder tun.

Die „Sprache" der Inneren Stimme

Die Stimme der Seele macht sich in vielfältiger Weise bemerkbar, nur nicht in deutlichen Worten. Vernehmen wir also eine richtige Stimme, die uns konkret zu etwas auffordert (besonders wenn es sich dabei um kategorische Befehle handelt), sollten wir äußerst misstrauisch sein und eventuell mit einer Vertrauensperson darüber sprechen.

Die subtile Sprache der Inneren Stimme ist nicht einheitlich und eindeutig; die nachstehenden Beispiele sollen ein Gespür dafür vermitteln, wie sie sich unaufgefordert meldet.

- Tun oder sagen wir etwas ganz selbstverständlich, ohne vorher darüber nachgedacht zu haben, kommt es wie von selbst oder von innen, begleitet von einem Gefühl der Sicherheit und Zuversicht, ist es ein Zeichen, dass es aus der Seele stammt und richtig ist.
- Sind wir hingegen im Begriff, etwas zu denken, zu sagen oder zu tun, das unsere Seele nicht gutheißt, meldet sie sich oft mit einem leichten Unbehagen, wie ein Unwohlsein; das haben wir alle schon erlebt, doch meistens beachten wir es nicht, zumal es nur kurz auftritt, eine, zwei Sekunden, und gleich wieder verschwindet. Man könnte es auch eine Art Disharmonie nennen, die wir empfinden.
- Ein ungutes Gefühl ist bereits eine deutlichere Form; hierbei sollten wir jedoch sorgfältig prüfen, ob es nicht etwa von Angst begleitet wird, weil es sich dann um die Stimme des Ego handelt. Im Zweifelsfall scheint es indes ratsam, dieses Gefühl ernst zu nehmen, es hat schon viele Menschen vor Unheil bewahrt.
- Die Unlust oder Unentschlossenheit, etwas zu tun, kann ebenfalls ein Hinweis der Seele sein, es lieber bleiben zu lassen; durch Ehrlichkeit gegenüber uns selbst müssen wir aber ausschließen, dass das Ego mit seiner Trägheit, Nachlässigkeit oder Angst dahintersteckt.
- Manchmal kommuniziert die Seele mit uns, indem wir etwas einfach wissen, es ist eine Gewissheit in uns, eine Klarheit; der Verstand beginnt daraufhin gern, diese zu hinterfragen, und versucht, sie mit Argumenten zu widerlegen.
- Durch unsere Wachsamkeit und das wiederholte Vertrauen in die Innere Stimme entwickelt sich in uns eine Art Warnsystem, vergleichbar mit der roten Warnleuchte im Auto: Etwas in uns „flackert" auf, wir spüren es, empfinden es tatsächlich als eine Warnung, wenn wir im Begriff sind, etwas zu denken, zu sagen oder zu tun, das nicht dem Willen der Seele entspricht. Das Ego reagiert jeweils sehr schnell und äußerst listig, beispielsweise mit Angst oder mit überzeugenden Argumenten des Verstandes, warum wir das Warnsignal überhören sollen. Doch selbst dann haben wir noch die Möglichkeit, dem Ego „Nein!" zu sagen. Allzu oft nutzen wir sie nicht.

Unterscheidung zwischen der Stimme der Seele und den Stimmen des Ego

Die folgende Gegenüberstellung von Merkmalen dient dazu, die wahre Innere Stimme von den Stimmen des Ego zu unterscheiden.

Stimme der Seele	Stimmen des Ego
Leise, undeutlich, kurze Empfindung, augenblicklich	Laut, deutlich, wiederholt oder wiederkehrend
Innere Ruhe, Gelassenheit	Kreisende Gedanken, Aufgewühltheit
In der Regel nicht mit Worten (außer manchmal ein klares Ja oder Nein oder einzelnes Wort), keine Begründungen und Erklärungen	Durch den Verstand rationale Argumentation in Form von Gedanken; auch Begründung für oder gegen bereits getroffene Entscheidungen
Nicht von Emotionen begleitet (unmittelbar nachher können diese jedoch aufkommen)	Begleitet von Emotionen wie Leidenschaft, Sehnsucht, Ärger, Lust, Verliebtheit, Eifersucht, überbordende Freude
Keine unmittelbare Angst oder Zweifel (nachher beim Nachdenken können diese aber aufkommen)	Eventuell geprägt von Angst, Sorge oder Bedenken
Kann sich als starken Antrieb äußern, „lässt keine Wahl", jedoch immer begleitet von innerer Ruhe; es fühlt sich gut und richtig an	Kann den Eindruck von Getriebensein vermitteln, von „keine Wahl haben", jedoch begleitet von Unruhe und eventuell von der Empfindung, fremdbestimmt zu sein

Die Seele meldet sich stets sofort, schnell und kurz; unmittelbar danach können dann aus dem Ego Gedanken oder Emotionen aufkommen. Diese dürfen nicht mit der Inneren Stimme verwechselt werden; nur die erste „Botschaft" stammt aus der Seele, alles Folgende aus dem Ego.

Die innere Stimme nehmen wir jeweils dann nicht wahr, wenn wir von intensiven Gefühlen überflutet werden, uns in einem emotionalen Ausnahmezustand befinden oder auch bei extrem starken Körperempfindungen wie Schmerz.

Die Innere Stimme des Sokrates

Der älteste Bericht über die Innere Stimme, der mir begegnet ist, stammt aus dem frühen 4. Jahrhundert vor Christus. Er findet sich in der „Apologie des Sokrates" von Platon. Ich gebe ihn nachfolgend mit eigenen Worten in zeitgemäßer Sprache wieder.

Der griechische Philosoph Sokrates war angeklagt, auf die Jugend einen verderblichen Einfluss zu haben und die Götter zu missachten. Obwohl ihm die Todesstrafe drohte, teilte er dem Gericht mit, er wolle sich nicht verteidigen. Er begründete es damit, dass seine Innere Stimme, der er bedingungslos vertraute, sich nicht meldete, um ihn von seinem Entschluss abzubringen:

„Seit meiner Kindheit habe ich erfahren, dass eine Stimme sich dann hören lässt, wenn sie mir von etwas abraten will; zugeredet hat sie mir noch nie. Das passierte mir sehr häufig, wenn ich im Begriff war, etwas unrichtig zu tun, sogar bei unbedeutenden Kleinigkeiten. Doch jetzt, da es um mein Todesurteil geht, meldet sie sich nicht. Weder als ich heute Morgen aus dem Haus ging, noch beim Betreten des Gerichts hat mich dieses Zeichen Gottes daran hindern wollen. Und zu allem, was ich bisher in dieser Verhandlung gesagt habe, hat sie ebenfalls geschwiegen, obwohl sie mich sonst manchmal mitten in einer Rede innehalten ließ. Das kann nur bedeuten, dass was auf mich zukommt, etwas Gutes ist, auch wenn die meisten im Tod ein Übel sehen. Unmöglich hätte mich die Stimme so gewähren lassen, wäre ich nicht im Begriff, das Richtige zu tun."

Sokrates vertraute auch in diesem Fall seiner Inneren Stimme und nahm das Todesurteil widerspruchslos an.

VIII. Die Essenz des Karma Yoga und die letzten Hinweise

In diesem letzten Kapitel, vor dem spirituellen, will ich noch einmal die wesentlichen Aspekte des Karma Yoga festhalten, die uns ermöglichen, das Alltagsleben zufriedener und weitgehend sorgenlos zu gestalten. Einiges mag Ihnen bereits bekannt vorkommen, doch repetitia iuvant (Latein: Wiederholungen helfen); auch nimmt man manchmal etwas nicht auf Anhieb auf, sondern erst wenn es in anderen Worten, mit anderen Beispielen dargelegt wird.

Zudem habe ich noch zwei wichtige Anliegen, die bisher nicht deutlich genug zur Sprache gekommen sind.

- *Seien Sie mutig!* Ohne ein kleines Wagnis einzugehen, verändern wir uns nicht. Das wäre, als wollten wir eine Treppe hinaufsteigen, ohne je einen Fuß zu heben. Für einen Moment müssen wir ein geringfügig labileres Gleichgewicht in Kauf nehmen, bis unsere Füße auf der nächsthöheren Stufe wieder fest stehen. Aber es kann ja nichts wirklich Gravierendes passieren.
- *Seien Sie lieb mit sich selbst!* Wir können nicht über Nacht alles ändern. Das wäre, als stünden wir unten an der Treppe und wollten mit einem einzigen Schritt zwanzig Stufen überwinden. Es geht nur Stufe um Stufe, vielleicht schaffen wir es hie und da, zwei zusammen zu bewältigen; ein anderes Mal müssen wir hingegen stehen bleiben und Atem holen. Doch es ist unwichtig, wie lange wir brauchen, solange wir nur auf dem Weg bleiben.

Im Karma Yoga geht es darum, dass wir unsere innere Haltung in Bezug auf das Handeln ändern. Vollständig ohne Absicht zu handeln, wie es streng genommen in der Gita gefordert wird, wäre im praktischen Alltag übertrieben und wir würden es wohl kaum schaffen. Wir dürfen also durchaus Wünsche haben und Ziele setzen. Aber sei es, dass wir sie *ein* Mal deutlich aussprechen, sei es, dass wir sie im Hinterkopf mit uns tragen: Entscheidend ist, sie innerlich loszulassen und nicht unsere Zufriedenheit daran zu knüpfen. Ein Wunsch oder ein anvisiertes Ziel soll ein Impuls sein, den wir freisetzen und sich selbst überlassen, wie eine Kugel, die wir anstoßen und die dann unvorhersehbar ihren Lauf nimmt. Ob sie in der Wiese zum Stillstand kommt, in einen Teich fällt oder mitten auf der Straße liegen bleibt, entzieht sich unserer Macht, und alles ist uns gleich recht.

Die Eigenschaft, die wir brauchen, um jedes Ergebnis unseres Handelns anzunehmen – ebenso wie alles andere, was uns vom Schicksal gegeben wird –, ist der Gleichmut. Es geht dabei nicht nur um das Akzeptieren und Ertragen jeglicher Gegebenheiten, sondern darum, überhaupt nicht zu werten, also nicht das eine als erwünscht und das andere als unerwünscht, das eine als freudig und das andere als leidvoll zu betrachten.

Als halbe Südländerin litt ich in meiner Jugend immer unter den eisigen Wintern in der Schweiz, ich hasste den Schnee. Bis ich verstanden habe, dass es keinen Unterschied gibt zwischen heiß und kalt, wie die Gita sagt. Es ist nicht so, dass ich die Empfindung leugne oder verdränge, sondern ich nehme sie mit neutraler Gesinnung wahr und leide nicht darunter. Die Kälte spüre ich also nach wie vor, aber sie ist mir nicht länger unangenehm. Ich friere – na und? Es ist einfach so, wie es ist. Seither mag ich den Winter und mache gern lange Wanderungen in der verschneiten Berglandschaft.

Ein anderes Beispiel vermag vielleicht noch besser zu erläutern, wie hilfreich der Gleichmut im alltäglichen Leben ist. Die meisten von uns haben schon einmal versucht, ein paar Kilos abzunehmen, und wir alle wissen, dass einseitige Diäten oder medikamentöse Hilfsmittel nicht gesund sind. Das Einfachste ist in der Tat, weniger zu essen. Wären da bloß nicht dieses Hungergefühl und das unbändige Verlangen nach Nahrung. Gelingt es uns jedoch, den leeren, knurrenden Magen nicht als unangenehm zu empfinden, dann fällt es uns nicht mehr so schwer, aufs Essen zu verzichten. Ich habe Hunger – na und? Es ist einfach so, ich nehme es zur Kenntnis und lasse es dabei bewenden. Das Gleiche gilt für die Lust auf Süßigkeiten und/oder andere Speisen. Ich nehme sie wahr und empfinde es nicht als unbefriedigend, wenn ich sie nicht stille. Das ist ein völlig anderer Ansatz, das Gewicht zu reduzieren oder das Idealgewicht zu halten; versuchen Sie es!

Besonders in den zwischenmenschlichen Beziehungen, die mit ihrem riesigen Potential an Verletzungen, Enttäuschung, Frustration, Verärgerung, Traurigkeit und allerart Schmerz einen wesentlichen Anteil an unserer Zufriedenheit oder Unzufriedenheit haben, zahlt sich der Gleichmut aus. Was uns jemand auch antut: Wir können es nicht rückgängig machen. Jede negative Haltung, die wir einnehmen, ob wir wütend, beleidigt, gekränkt, gedemütigt sind oder einer anderen schmerzhaften Empfindung unterliegen, schadet nur uns selbst. *Wir* leiden darunter, nicht der Verursacher. Umso wichtiger ist es gerade in diesen Situationen, uns intensiv um Gleichmut zu bemühen. Es geht beim Karma Yoga nicht darum zu lernen, mit der Wut, der Kränkung, der Demütigung und anderen Regungen psychologisch umzugehen – Methoden gibt es dazu einige (fast so viele wie Diäten um abzunehmen) –, sondern darum, die jeweilige Gemütsbewegung nicht mehr als unangenehm, leidvoll, unerwünscht zu empfinden. Das Geheimnis des Erfolgs liegt also nicht darin, die Empfindung selbst zu bekämpfen, vielmehr sie in eine wertneutrale zu verwandeln. Wir schauen sie bewusst an, geben uns ihr hin und sagen uns: „Ich fühle mich zurückgewiesen (oder eifersüchtig, bloßgestellt, verschmäht und mehr) – na und? Es ist so und es stört mich nicht, es ist nicht unangenehm…" Wenn wir uns selbst überzeugen, zuerst einmal wenigstens mental, stellen wir erstaunt fest, dass sich die betreffende Empfindung tatsächlich nicht mehr unangenehm anfühlt und sich schnell auflöst.

An weiteren Möglichkeiten, im Alltag zu üben, fehlt es nicht; es braucht dazu bloß ein wenig Achtsamkeit, um in den betreffenden Situationen sofort zu reagieren und nicht in alte Verhaltensmuster zu fallen. Wenn wir den Gleichmut wahrhaft anstreben, erlangen wir ihn in relativ kurzer Zeit, und vollziehen damit einen großen Schritt auf dem Pfad des Karma Yoga. Mehr Zufriedenheit ist der Lohn dafür.

→ „Veränderung von Verhaltensmustern" Seite 84 f.

Gleichmut brauchen wir auch, um im Sinne des Karma Yoga immer das zu tun, was gerade zu tun ist. Indem wir die eine Tätigkeit nicht der anderen vorziehen, also wiederum nicht unterscheiden zwischen geliebten und verhassten, und eines nach dem anderen erledigen, vermeiden wir einerseits das unbefriedigende, oft belastende Aufschieben von Aufgaben, die wir ohnehin irgendwann in Angriff nehmen müssen. Andrerseits wirken wir dem Stress entgegen, weil wir uns nicht mehr selbst unter Druck zu setzen brauchen.

Diese Haltung des Nichtvertagens betrifft nicht nur Pflichten wie Putzen, morgens früh aufstehen, den Hund ausführen, den Dachboden aufräumen. Auch eine Aussprache mit einem Freund oder dem Vorgesetzten, die Beichte eines begangenen Fehlers, das Vorbringen einer Bitte, eine Liebeserklärung und viele andere Obliegenheiten, bei denen wir Angst haben, uns nicht richtig trauen, die uns unangenehm, peinlich, zuwider sind, gilt es sofort anzugehen. Wir wissen doch jeweils, dass wir nicht darum herum kommen: Wozu es dann Tag für Tag hinauszögern und auf dem Magen liegen haben? Geben wir uns einen Ruck und bringen wir es hinter uns. Ja, hierbei braucht es meistens etwas Mut. Erinnern wir uns einfach an die Grundsätze des Urvertrauens und seien wir uns bewusst, dass wir damit ebenfalls das Selbstwertgefühl stärken.

Stand mir früher etwas bevor, was ich aufzuschieben drohte, verwendete ich einen Trick, um mich gewissermaßen selbst zu überlisten. Ich teilte dem Betroffenen mit: „Ich möchte dir etwas sagen und zwar gleich morgen früh." Das fiel mir leichter, als sofort alles zu offenbaren, und doch hatte ich mich dadurch verpflichtet und konnte nicht mehr zurück. Auch wenn ich mich nämlich im entscheidenden Moment weigerte, ließ mir der andere keine Ruhe, bis ich es schließlich sagte.

Auf dem Weg des Karma Yoga funktioniert es nicht anders als mit allem, was wir lernen müssen: Der Anfang ist schwer, aber je weiter wir fortschreiten, desto leichter fällt es uns, neue Herausforderungen zu bewältigen und Aufgaben zu lösen. Wir bauen nämlich kontinuierlich auf dem auf, was wir bereits können.

Mut brauchen wir indes, um einen ersten Schritt zu machen, bestimmt auch noch für den zweiten und dritten, dies ganz besonders wenn es darum geht, auf uns selbst zu hören, uns so zu verhalten, wie wir es als richtig spüren. Wir müssen unsere Angst ablegen, anderen zu missfallen, sie zu enttäuschen, zu verärgern und folglich ihre Anerkennung und Liebe zu verlieren.

Wagen Sie es! Sie werden feststellen: Nicht nur ist die Welt dabei nicht untergegangen, nein, es ist überhaupt nicht viel passiert. Sie werden die Erfahrung machen, dass nichts von dem eintrifft, was sie sich in ihrer Fantasie ausgemalt haben, und die Menschen völlig anders reagieren, als sie meinten. Oder Sie merken, dass es Ihnen gar nicht so viel ausmacht, wenn jemand auf Sie wütend ist, von Ihnen nichts mehr wissen will, mit Ihnen schimpft. Die berechtigte Zufriedenheit, sich selbst treu geblieben zu sein und die Angst besiegt zu haben, wird Sie über einen Konflikt oder in einer anderen schwierigen Situation tragen. Haben Sie das *ein Mal* erlebt, erwächst Ihnen daraus genügend Urvertrauen und Selbstwertgefühl, um es erneut zu wagen. Und das nächste Mal fällt es Ihnen schon leichter.

Sie werden auf Ihrem Weg allerdings bestimmt auch die folgenden Erfahrungen machen:
- Ich dachte, ich hätte die Angst X nun abgelegt, warum traue ich mich plötzlich nicht mehr?
- Das letzte Mal ist es ja gut gegangen, warum schaffe ich es diesmal nicht?
- Ich habe mir fest vorgenommen, das nicht mehr zu tun, warum ist meine Willenskraft bloß so schwach?
- Obwohl ich mich darauf konzentriere, mich nicht so und so zu verhalten, warum mache ich es automatisch, bevor ich es richtig merke?
- Ich bemühe mich schon lange, warum ändert sich nichts?
- Und mehr an Frustrierendem oder Entmutigendem mag in Ihnen aufkommen.

Das ist doch in jeder Schule so! Manchmal lernen wir leichter, manchmal fällt es uns schwerer, bis wir es durch und durch begriffen haben; bei der einen Prüfung glänzen wir, bei der andern rasseln wir durch. Aber übers Ganze gesehen, machen wir Fortschritte, auch wenn sie nur so winzig sind, dass wir sie nicht oder kaum wahrnehmen.

Seien Sie lieb mit sich selbst, nachsichtiger als mit einem kleinen Kind. Vor allem: Verzeihen Sie sich alles. Jeden sogenannten Fehler, jeden vermeintlichen Rückschlag, sogar die größte Schwäche, der Sie erliegen, und die größte Dummheit, die Sie begehen. Denken Sie immer daran, dass Sie in jedem Augenblick genau so sind, wie Sie sein sollen, und alles einen Sinn hat. Zweifeln Sie nie an sich selbst, nie an Ihrer Kraft, Ihrem Mut, Ihrem Voranschreiten auf dem Weg. Nehmen Sie sich einfach immer wieder vor, es erneut zu versuchen, sich erneut zu bemühen. Bewahren Sie bei sogenannten Misserfolgen Ihren Gleichmut.

Entscheidend ist ebenfalls, sich nicht zu viel aufzuladen. Sie können nicht alles auf einmal ändern, so sehr Sie es sich wünschen, so sehr Sie sich bemühen. *Eine* Aufgabe ist genug, jeder kleinste Schritt ist ein Schritt vorwärts, egal wie lange Sie dafür brauchen. Finden Sie Ihre Freude im Lernen und Üben selbst, nicht im Erreichen des Ziels.

Ich habe bislang ein beträchtliches Stück auf dem Weg des Karma Yoga zurückgelegt. Wenn ich, der schwache, verängstigte Mensch, der ich war, es geschafft habe, dann schaffen Sie es auch.

IX. Zum Schluss noch die Erleuchtung

Vergessen wir nicht: Der Karma Yoga ist ein spiritueller Weg mit einem spirituellen Ziel. Dass er zudem unser Alltagsleben in dieser Welt erleichtert, es zu einem freudvollen, sorglosen, erfüllten macht, ist im Grunde genommen nur die angenehme Nebenwirkung.

Das spirituelle Ziel liegt, wie bei allen östlichen Wegen, in der Erlösung, die oft auch Gottesverwirklichung, Erleuchtung, Selbst-Verwirklichung (das Gewahrwerden unseres Höheren Selbst) genannt wird, was der Buddha als Nirwana (Sanskrit für Erlöschen) bezeichnete. Mit „Erlösung" und „Erlöschen" wird die Befreiung aus dem Kreislauf der Existenzen hervorgehoben: Wer dies erlangt, braucht nicht wiedergeboren zu werden. Die Begriffe „Gottesverwirklichung" und „Erleuchtung" gewichten hingegen stärker die Vereinigung mit dem Göttlichen und die Überflutung des Geistes mit dem Licht der Weisheit und Wahrheit.

Nachfolgend verwende ich dafür nur noch den Begriff Gottesverwirklichung, weil er für mich persönlich der umfassendste und aussagekräftigste ist. „Erlösung" impliziert mir zu sehr den Gedanken, wir seien in dieser Welt unglücklich und wollten nichts wie weg; „Erlöschen" betont einseitig den Aspekt des Sich-Auflösens. Es geht mir hier nur um den Begriff, denn vermutlich erfährt bei der Gottesverwirklichung jeder das Gleiche, erklärt es in Worten dann aber so, wie er selbst es auszudrücken vermag.

Mit einem Augenzwinkern habe ich diesen Zustand im Titel des Kapitels als „Erleuchtung" bezeichnet, weil dieses Wort umgangssprachlich wahrscheinlich am häufigsten verwendet wird, oft auch ironisch und in anderem Zusammenhang. Schaut man sich im Esoterik-Dschungel ein bisschen um, findet man immer wieder Menschen, die sich selbst als erleuchtet bezeichnen und diese Erfahrung anbieten. Und noch viel mehr Menschen, die sie am liebsten in fünf Minuten und von einem Guru eingehaucht bekommen möchten.

Was ist denn nun diese Gottesverwirklichung? Und wie erlangen wir sie?

1. Was ist die Gottesverwirklichung?
Bei der Gottesverwirklichung handelt es sich um eine mystische Erfahrung. Darunter wird eine Form der religiösen Erfahrung verstanden, die sich im Gegensatz zu den äußeren Praktiken (Rituale, beispielsweise Gottesdienste) auf ein direktes inneres Erleben des Höheren (Göttlichen) bezieht. Je nach Glaubenshintergrund wird sie als die Wahrnehmung der Gegenwart Gottes in sich selbst oder außerhalb erlebt, als Aufgehen, Versinken in etwas Höherem, in einer Empfindung der Einheit mit Allem oder wie im atheistischen Buddhismus als ein Erlöschen.

Die Sprache ist jedenfalls nicht in der Lage, diese Erfahrung zu beschreiben. Welche Worte und Metaphern dafür auch gewählt werden, sie entstammen jeweils einem spezifischen kulturell-religiösen Umfeld und es kann sich immer nur um einen Versuch handeln, das nicht Ausdrückbare auszudrücken, was unpräzis, unvollkommen, wenn nicht gar fehlerhaft oder irreführend sein muss. Da ich selbst diesen Zustand bisher nicht erlangt habe, kann ich ohnehin nicht aus eigener Erfahrung darüber sprechen.

Was sagt denn die Gita, die ja einen Weg dahin weist, dazu? Sie äußert sich in verschiedenen Textpassagen:

„Wenn durch alle Türen des Körpers eine Lichtflut hereinströmt, das Licht der Erkenntnis, der Wahrnehmung und des Wissens [...]" [20]

„Das ist brahmi sthiti [Gefestigtsein im Brahman, also im Einen, Absoluten]. Wer dahin gelangt, ist nicht länger verwirrt; wer bei seinem Ableben in diesem Zustand fest gegründet ist, kann das Erlöschen im Brahman erlangen." [21]

„Hast du dieses Wissen [das von der Gita vermittelte] erworben, wirst du nicht wieder in die Unwissenheit des Verstandes fallen; denn durch dieses Wissen wirst du alles Existierende, ohne Ausnahme, im Selbst erkennen und dann in mir." [22]

Hängt die Seele nicht länger an den Berührungen der äußeren Dinge, findet man die Glückseligkeit, die im Selbst wohnt; solch ein Mensch erfreut sich der unvergänglichen Glückseligkeit, denn sein Selbst ist im Yoga-Zustand durch Yoga mit dem Brahman vereint. [...] Wer die innere Glückseligkeit besitzt und den inneren Frieden und das innere

Licht, wird zum Brahman und erlangt das Erlöschen seines Selbst im Brahman. Das Nirwana im Brahman erlangen die Weisen, in denen der Makel der Sünde getilgt und der Knoten des Zweifels durchtrennt ist; sie sind Meister ihres Selbst und wirken Gutes an allen Wesen." [23]

„Erlöst vom Makel der Leidenschaften und beständig im Yoga-Zustand, erfreut sich der Yogi leicht und froh der Berührung des Brahman, was mit der überwältigenden Glückseligkeit einhergeht. Der Mensch, dessen Selbst im Yoga-Zustand ist, erkennt das Selbst in allen Wesen und alle Wesen im Selbst, sein Blick ist überall gleich geartet." [24]

Wer exaktere Ausführungen erwartet hatte, mag jetzt enttäuscht sein. Und doch findet sich in diesen Zitaten vieles, was in Beschreibungen dieses Zustands immer wieder erwähnt wird: Licht/Erleuchtung, Selbst-Erkenntnis (die Verwirklichung unseres wahren Höheren Selbst) und Erkenntnis des Göttlichen, Befreiung/Erlösung, Einheit mit dem Göttlichen und Einheit mit allen Wesen, absolute Glückseligkeit. Lassen wir es so stehen, bis wir selbst das Unbeschreibliche erfahren.

2. Wie erlangen wir die Gottesverwirklichung?

Für uns ist es wichtiger zu wissen, *wie* wir uns diesem Ziel, das dem Sinn des Lebens entspricht, nähern. Darüber gibt die Gita umfassend Auskunft. Genannt werden unter anderen immer wieder verschiedene Aspekte des Gleichmuts, Furchtlosigkeit, Aufgeben des Ego, Willenskraft, Liebe für alle Wesen.

Zentral ist im Karma Yoga natürlich das Handeln, das richtige Handeln. Zu diesem Thema habe ich in den vorangehenden Kapiteln schon einiges geschrieben, allerdings hauptsächlich im Hinblick auf ein sorgenloses, zufriedenes Dasein und mit einem praktischen Bezug zum Alltag. Ist unser Ziel hingegen ein spirituelles, ganz im Sinn der Gita und des Karma Yoga, so dürfen wir uns damit nicht begnügen. Die Gita beschreibt vier Grundlagen unseres Handelns:
* *Einklang mit dem göttlichen Willen und Verzicht auf die Früchte der Taten.* „Die Weisen, die ihre Einsicht und ihren Willen mit dem Göttlichen geeint haben, verzichten auf die Früchte, welche durch die Taten entstehen." [25]

- *Loslassen der Wünsche und Aufgeben des Ego.* „Derjenige erlangt Frieden, in den alle Wünsche eintreten wie das Wasser ins Meer, das fortwährend gefüllt wird und doch stets unbewegt bleibt. [...] Wer alle Wünsche loslässt und frei von Verlangen lebt und handelt, wer weder 'Ich' noch 'Mein' kennt, gelangt zum großen Frieden." [26]
- *Stetes Gedenken des Göttlichen.* „Wer in Gedanken fortwährend bei mir ist und an nichts anderes denkt, der Yogi, der in dauernder Vereinigung mit mir weilt, gelangt leicht zu mir." [27]
- *Handeln als Opfergabe.* „Wenn die Menschen dieser Welt ihre Werke anders vollbringen denn als Opfer, bleiben sie daran gebunden; als Opfer vollbringe die Werke und werde frei von jeglicher Anhaftung." [28]

Außer den ersten beiden Punkten, die ich bereits in den vorangehenden Kapiteln erläutert habe, erwähnt die Gita also zwei weitere Anforderungen.

Stetes Gedenken des Göttlichen
Während wir handeln – wobei unter das Handeln jegliche Tätigkeit fällt, beispielsweise ebenfalls ein Buch lesen, einen Text schreiben oder ein Gespräch führen –, sollen wir im Geist ununterbrochen beim Göttlichen verweilen. Keine einfache Aufgabe für unseren rastlos umherschweifenden, flatterhaften Verstand. Es bedeutet, ein hohes Maß an Konzentration und Selbstdisziplin aufzubringen, um die flüchtigen Gedanken immer wieder zurückzuholen und auf das Eine auszurichten.

Es mag uns fast als ein Ding der Unmöglichkeit erscheinen und es wird uns nicht von einem Tag auf den anderen gelingen, lediglich weil wir diesen Entschluss gefasst haben. Es braucht wiederholtes Üben und fortwährende Achtsamkeit, denn allzu leicht vergessen wir uns vollständig in Tagträumereien und erinnern uns erst nach langer Zeit überhaupt wieder daran, dass wir ja an das Göttliche denken wollten. Zudem erfordert es Selbstdisziplin und Willenskraft, es ist nämlich überaus anstrengend.

Treffend hat Bruder Lorenz, ein christlicher Mystiker des 17. Jahrhunderts, dies beschrieben:

„Unser Verstand ist äußerst flüchtig; weil aber der Wille alle unsere Kräfte beherrscht, muss er ihn zurückrufen und zu Gott als seinem letzten Ziel und Sinn bringen. [...] Machen Sie es sich zur Aufgabe, Ihren Verstand immer in der Gegenwart Gottes zu halten. Wenn er sich zeitweilig verirrt und sich davon entfernt, so seien Sie darüber nicht beunruhigt. [...] Der Wille muss ihn in aller Ruhe zurückholen und sammeln." [29]

Bei Tätigkeiten, die wir beinahe automatisch und ohne Beteiligung des Verstandes ausführen, halten wir es vielleicht noch für machbar, dass wir es durch Willenskraft und fortwährendes Üben irgendwann schaffen, stets beim Göttlichen zu sein. Und wir werden auch schnell den praktischen Vorteil erkennen: Unsere Konzentrationsfähigkeit nimmt zu und die Arbeit geht uns leichter von der Hand, weil wir keine wertvolle Energie an nutzlose Gedanken verschwenden.

Doch sobald wir etwas tun, das unser Denken erfordert, beispielsweise alle geistigen Arbeiten oder Gespräche mit Mitmenschen, ist es schwer vorstellbar, gleichzeitig noch an das Göttliche zu denken. Dennoch funktioniert es auch hier. Unser Bewusstsein ist dabei gewissermaßen zweigeteilt oder, um ein anderes Bild zu verwenden, das eine geschieht im Vordergrund und das andere im Hintergrund.

Ein Beispiel. Man hat uns zwar gelehrt, zuerst zu denken, bevor wir reden; weihen wir hingegen diese Tätigkeit ebenfalls dem Göttlichen und bitten wir es darum, die richtigen Worte aus uns fließen zu lassen – nicht diejenigen, die *wir* sagen wollen, sondern wie sie dem göttlichen Willen entsprechen –, so kommen sie uns leicht und spontan über die Lippen, ohne zu denken, aus einer Art Leere. Manchmal geschieht es, dass wir selbst erstaunt sind über das, was wir sagen, oder wir empfinden es, als hörten wir es zum ersten Mal, als hätten wir nie etwas Ähnliches gedacht, gehört, gelesen oder gesprochen. So *unbedacht* zu reden, im wahren Sinne des Wortes, bedingt, dass wir keine Angst davor haben, was andere von uns halten, keine Angst, nicht verstanden zu werden, keine Angst, wehzutun. Urvertrauen und Selbstwertgefühl müssen gut in uns verwurzelt sein.

Handeln als Opfergabe

Die letzte Forderung der obigen Aufzählung, das Handeln als Opfer darzubringen, kann als die zentrale spirituelle Aussage des Karma Yoga betrachtet werden, schließt sie doch die anderen Voraussetzungen und Bedingungen mit ein. Opfern wir einer Gottheit, Speisen oder Gold, gar ein Opfertier, oder widmen wir ihr das eigene Leben, so geschieht dies – oder sollte zumindest geschehen –, ohne dass wir dafür etwas erbitten, aus reiner Liebe zur Gottheit und zu ihrer Verehrung. Im gleichen Geiste müssen wir *alle* Taten dem Göttlichen als Opfer darbringen: Wir erwarten keine Belohnung, erhoffen uns nicht bestimmte Ergebnisse, verlangen nicht einmal zu wissen, wozu es gut sei. Wir weihen unser Handeln vollständig dem Göttlichen, wir weihen ihm damit unser ganzes Leben, uneingeschränkt, bedingungslos. Wie bedeutend und grundlegend dies für den spirituellen Weg des Karma Yoga ist, zeigt die folgende längere Passage aus der Gita:

→ „Die Gedanken auf das Göttliche richten und das Handeln dem Göttlichen weihen"
Seite 131

„Jene, die alle ihre Taten mir überantworten, mir gänzlich hingegeben, mich in einem unerschütterlichen Yoga in Meditation verehren, jene, die ihr Bewusstsein nur auf mich richten, jene befreie ich schnell aus dem Meer des erdgebundenen Daseins.

In mir lass deinen Geist ruhen und auf mich gründe deine ganze Erkenntnis; zweifle nicht, dass du jenseits dieses sterblichen Daseins in mir weilen wirst.

Aber wenn es dir nicht gelingt, dein Bewusstsein fortwährend auf mich zu richten, so suche mich durch Yoga-Übung.

Und ist dir auch die Suche durch die Yoga-Übung nicht möglich, dann sei es dein höchstes Ziel, mein Werk zu tun; indem du alle Taten um meinetwillen vollbringst, wirst du die Vollkommenheit erlangen.

Doch falls du selbst dieses fortwährende Gedenken an mich und das Erheben all deiner Werke zu mir als jenseits deiner Kraft empfindest, dann verzichte auf die Früchte deiner Taten und beherrsche dein [niederes] Selbst.

Besser als die Übung ist wahrlich die Erkenntnis; besser als die Erkenntnis die Meditation; besser als die Meditation ist der Verzicht auf die Früchte des Handelns; auf diesen Verzicht folgt der Frieden." [30]

Auch Bruder Lorenz will ich nochmals zitieren, der in seinem Alltag im Kloster wahren Karma Yoga praktizierte:

„Wir brauchen nichts anderes zu tun, als zu erkennen, dass Gott in unserem Innern gegenwärtig ist und wir fortwährend mit ihm sprechen und ihn um seinen Beistand bitten können, damit wir seinen Willen erkennen, wenn wir nicht sicher sind, und das, was wir als seinen Willen erkennen, so tun, wie es getan werden soll; ferner dass wir alles, bevor wir es tun, ihm übergeben und ihm nachher danken, dass wir es um seinetwillen tun durften. [...]

So ergeht es mir in meiner Küche. Zuerst hatte ich eine große Abneigung gegen sie; doch seitdem ich mich daran gewöhnt habe, auch hier alles nur aus Liebe zu Gott zu tun und ihn für die Ausführung meiner Arbeit stets um Beistand zu bitten, ist mir in den vierzehn Jahren, die ich nun in der Küche beschäftigt bin, alles ganz leicht gefallen. [...]

Für mich besteht kein Unterschied zwischen der Zeit des Gebets und der übrigen Zeit. Ich halte zwar stille Zeiten ein, wenn der Prior sie mir auferlegt, aber sonst brauche ich sie nicht, weil auch die größte Arbeit mich nicht von Gott entfernt.

Heilig werden wir nicht, indem wir unsere Werke ändern, sondern indem wir um Gottes Willen verrichten, was wir normalerweise für uns selbst tun. [...] Wir sollen mit Gott nicht weniger vereint sein, wenn wir arbeiten, als wenn wir beten." [31]

Nun kennen wir den Weg. Vielmehr den Wegweiser. Wir wissen, wo unser Ziel liegt. Und wie quengelnde Kinder auf einer langen Reise fragen wir vielleicht einmal: „Wie lange dauert es noch? Wann sind wir denn endlich da?"

→ „Wann besucht mich Gott?" Seite 132

Wenn man das wüsste! Die Gottesverwirklichung ist eine Gnade. Wir haben kein Recht darauf, nur weil wir sie ersehnen und uns bemühen. Sie kommt, wenn und wann das Göttliche es will, in diesem Leben oder in einem künftigen. Und ebenso wie wir alle irdischen Wünsche und Ziele aufgeben, gilt das Gleiche für die Gottesverwirklichung: Wohl treibt uns die Sehnsucht nach dem Göttlichen auf dem spirituellen Weg voran, doch zuletzt müssen wir diesen Wunsch ebenfalls aufgeben... und uns gedulden.

Lassen Sie mich zum Schluss noch einmal kurz den Bogen zum Alltagsleben schlagen. Wie gesagt, nach den ersten mühseligen Schritten in der Dunkelheit hat der spirituelle Pfad des Karma Yoga die angenehme Nebenwirkung, dass er unserem irdischen Dasein eine unerschütterliche Zufriedenheit und Sorglosigkeit schenkt – das ist meine persönliche Erfahrung. Ich habe mich seinerzeit auf diesen Weg begeben, ohne darum zu wissen, mein Lebensziel war seit jeher das Göttliche und ich wäre auch bereit gewesen, Selbstdisziplin und eine gewisse Entsagung dafür in Kauf zu nehmen. Das hatte ich davor in der Tat schon versucht, aber die Erleuchtung nicht erlangt. Auf dem Weg des Karma Yoga ist meine Suche nach dem Göttlichen bisher auch noch nicht erhört worden; doch zumindest führe ich jetzt ein zutiefst zufriedenes Leben. Wie das Göttliche in der Gita verspricht:

„Den Menschen, die mich verehren, indem sie mich zum einzigen Gegenstand ihres Denkens machen, die fortwährend im Yoga-Zustand mit mir weilen, diesen gebe ich freimütig alles Gute." [32]

Die Gedanken auf das Göttliche richten und das Handeln dem Göttlichen weihen

Praktische Übung für den Alltag:

- Vor jeder Arbeit, vor jeder Tätigkeit überhaupt, wende ich mich in Gedanken an das Göttliche mit Worten wie: „Göttliche Mutter (Gott, höhere Macht, Göttliches oder eigene Anreden), ich weihe diese Arbeit dir. Lass deine Kraft darin wirken." So beispielsweise auch vor dem Essen: „Göttliche Mutter, ich weihe diese Speise dir. Lass sie meinen Körper gesund erhalten und ihm Kraft spenden für meinen Weg zu dir."
- Nach jeder Arbeit, nach jeder Tätigkeit überhaupt, wende ich mich in Gedanken an das Göttliche mit Worten wie: „Göttliche Mutter, danke für diese Arbeit (dieses Essen, diesen Kinobesuch, diese Lektüre, dieses Spiel mit den Kindern, …). Lass daraus entstehen, was deinem Willen entspricht."
- Während der Tätigkeit versuche ich ebenfalls ganz beim Göttlichen zu sein. Das ist schwierig, denn die Gedanken schweifen immer wieder ab, und es ist anstrengend, sie stets aufs Neue zurückzuholen. Es braucht in der Regel viel Zeit, Monate und Jahre, bis es uns mit einer gewissen Konstanz gelingt.
- Eine weitere Möglichkeit ist ein gedanklicher Monolog mit dem Göttlichen, in Form eines Mantra, eines Gebets oder indem wir mit ihm reden; das fällt uns meistens leichter, als unsere Gedanken auf etwas Abstraktes wie das Göttliche gebündelt zu halten.

- Eine etwas einfachere Alternative als die Gedanken auf das Göttliche zu konzentrieren, gewissermaßen eine Vorübung:

Bei jeder Arbeit, jeder Handlung, bin ich ganz bei der Sache, ganz auf das Tun ausgerichtet, lasse keine fremden Gedanken zu; ich gebe mich vollständig hin, sodass ich die Tätigkeit bin. Ich befinde mich völlig im Hier und Jetzt, halte meine Konzentration auf die Tätigkeit gebündelt. Beispiel: Beim Essen konzentriere ich mich ganz auf Messer, Gabel, meine Hände, dann wie der Bissen in meinen Mund wandert, ich nehme den Geschmack auf meiner Zunge bewusst wahr, ob die Speise hart oder weich ist und mehr. Ich lasse dabei keine fremden Gedanken zu, bin ganz bei mir und bei der Tätigkeit des Essens.

Wann besucht mich Gott? (*eine altindische Geschichte*)

Gott schickte den heiligen Narada zur Erde, um fromme Menschen aufzusuchen. Zuerst begegnete er einem alten Asketen, der ihm, nicht ohne Bitterkeit, erzählte, er hätte 80 Jahre lang die strengsten Praktiken und härteste Selbstdisziplin ausgeübt, ohne die Gottesverwirklichung zu erlangen.

Als Narada ihm eröffnete, er sei ein Bote Gottes, bat ihn der Asket: „Wenn du Gott das nächste Mal siehst, frag ihn, warum er mich bis jetzt nicht erhört hat." Narada versprach es und ging weiter.

Er kam zu einem Feld, wo ein junger Mann versuchte, einen Zaun zu bauen; er war jedoch betrunken und fluchte, weil es ihm nicht gelang, die Pfähle in die Löcher zu rammen. Narada bot ihm seine Hilfe an, aber der Mann erwiderte, er werde nur die persönliche Hilfe Gottes annehmen, seines Freundes, der Verstecken mit ihm spiele und sich davor drücke, ihm bei der Arbeit zu helfen. Narada war empört über diese Gotteslästerung und gab sich zu erkennen. Da forderte der junge Mann ihn auf, Gott zu fragen, warum er ihn bisher nicht besucht habe, obwohl er doch schon lange auf ihn warte.

Nachdem Narada zu Gott zurückgekehrt war, erzählte er ihm, was er mit dem Asketen und dem Betrunkenen erlebt hatte.

Gott, der die beiden natürlich kannte, äußerte sich liebevoll über den jungen Mann und bekräftigte seine Weigerung, sich dem Asketen zu zeigen. Narada wunderte sich sehr darüber.

Um ihm zu beweisen, wer von den beiden der wahre Suchende sei, schickte Gott Narada nochmals auf die Erde und trug ihm auf, beiden folgende Botschaft zu überbringen: „Gott ist gerade damit beschäftigt, Millionen von Elefanten durch Nadelöhren zu zwängen. Aber wenn er damit fertig ist, wird er dich besuchen."

Narada teilte Gottes Nachricht zuerst dem Asketen mit. Dieser erzürnte sehr und schrie: „So ein Blödsinn, Elefanten durch Nadelöhren zwängen! Ihr macht euch nur über mich lustig und er wird nie zu mir kommen – oder vielleicht gibt es gar keinen Gott und ich habe mein Leben mit Enthaltsamkeit verschwendet." Er warf alles hin und machte sich auf, die versäumten Genüsse des Lebens nachzuholen.

Narada war schockiert und suchte eilends den jungen Mann auf, um ihn mit der gleichen Botschaft zu konfrontieren. Als dieser Gottes seltsame Aussage hörte, machte er Luftsprünge vor Freude und rief: „Gott hat mich erhört, er wird zu mir kommen! Was hat es schon zu bedeuten, dass er Millionen von Elefanten durch Nadelöhren zwängt: Mit seiner Allmacht kann er das in einer Sekunde tun! Und dauerte es auch eine Ewigkeit, sein Versprechen genügt mir: Er wird zu mir kommen, irgendwann."

*Ich schlief und träumte,
das Leben sei Freude;
ich erwachte und sah,
das Leben ist Pflicht.
Ich handelte und siehe,
die Pflicht war Freude.*

Rabindranath Tagore

Quellenangaben

1 Bhagavadgita V, 3 *
2 Bhagavadgita IV, 20
3 Bhagavadgita XI, 32 f.
4 Bhagavadgita III, 5
5 Bhagavadgita V, 2
6 Bhagavadgita II, 47
7 Bhagavadgita II, 48
8 Bhagavadgita IX, 27
9 Bhagavadgita X, 42
10 Bhagavadgita VI, 30
11 Bhagavadgita XVIII, 58
12 Bhagavadgita XVIII, 66
13 Bhagavadgita II, 40
14 Bhagavadgita XIII, 16 ff.
15 Bhagavadgita XIII, 28
16 Bhagavadgita II, 14 f.
17 Bhagavadgita II, 56 f.
18 Bhagavadgita XII, 18 f.
19 Bhagavadgita XIV, 24 f.
20 Bhagavadgita XIV, 11
21 Bhagavadgita II, 72
22 Bhagavadgita IV, 35
23 Bhagavadgita V, 21 ff.
24 Bhagavadgita VI, 28 f.
24 Bhagavadgita II, 51
26 Bhagavadgita II, 70 f.
27 Bhagavadgita VIII, 14
28 Bhagavadgita III, 9
29 Bruder Lorenz **
30 Bhagavadgita XII, 6 ff.
31 Bruder Lorenz **
32 Bhagavadgita IX, 22

* Alle Bhagavadgita-Zitate in diesem Buch stammen aus der englischen Übersetzung von Sri Aurobindo (siehe Literaturangaben), von mir ins Deutsche übertragen.
** Laurentius von der Auferstehung; Text von mir in zeitgemäßer Sprache wiedergegeben nach der Veröffentlichung von Gerhard Tersteegen.

Literaturverzeichnis

Deutsch
- Kerneïz, C.: Der Karma Yoga. München, 1950.
- Sri Aurobindo: Die Bhagavadgita. Freiburg i.B., 1992.
- Swami Satyananda Saraswati: Karma Sannyasa. Köln, 1988.
- Swami Vivekananda: Karma Yoga. Der Pfad der Arbeit. Hamburg, 2004.

Englisch
- Sri Aurobindo: Bhagavad Gita and its Message. Twin Lakes, 2001.
- Sri Aurobindo: Essays on the Gita. Pondicherry, 1970.

Danksagung

Mein aufrichtiger Dank gilt:
- Dr. Jürg Hedinger für das Lektorat dieses Buches und für alles, was ich von ihm über die indische Philosophie gelernt habe;
- meinem Bruder, Bruno, für seine langjährige inhaltliche und sprachliche Prüfung meiner Schriften, von denen einige auch in dieses Buch eingeflossen sind;
- und schließlich allen, die auf meinem bisherigen Lebensweg an meiner Seite gewandert sind, sei es als Lehrer, sei es als Weggefährten, und mir so die Möglichkeit gegeben haben, den Karma Yoga zu erlernen und zu praktizieren.

In der Reihe „Wegweiser" des nada Verlags

Karin Jundt
Ich liebe mich selbst und mache mich glücklich
Softcover, 136 Seiten, ISBN 978-3-907091-04-3

Karin Jundt sagt von sich, sie habe erst im Alter von 40 Jahren festgestellt, dass ihr das Selbstwertgefühl und die Selbstliebe fast vollständig fehlten. Sie macht diesen Mangel verantwortlich für viele ihrer früheren Probleme mit den Mitmenschen und für eine periodisch auftretende, nicht näher definierbare Unzufriedenheit. Nach dieser Einsicht begann sie, am Aufbau ihrer Selbstliebe zu arbeiten, und erkannte mehr und mehr, wie unerlässlich sie für ein erfülltes, glückliches Leben ist.

Selbst darin gefestigt, entwickelte sie auf der Basis ihrer eigenen Erfahrungen und psychologischen Kenntnisse eine Methode zum Aufbau und zur Stärkung der Selbstliebe, die sie viele Jahre lang in Seminaren und Kursen lehrte.

Mit diesem Buch gibt sie ihre Methode nun ebenfalls weiter. Es handelt sich um einen Leitfaden, der wie ein Kurs mit Aufgaben und Übungen aufgebaut ist. In den ersten Kapiteln werden die Grundlagen des Selbstwertgefühls und der Selbstliebe dargelegt. Der Hauptteil befasst sich mit der Selbstanalyse und der Betrachtung der Verhaltensmuster, die auf ein niedriges Selbstwertgefühl und eine schwache Selbstliebe hinweisen, und zeigt dann den Weg auf, um neue Verhaltensweisen Schritt für Schritt einzuüben und alte hinderliche Muster abzulegen.

Karin Jundt
Ich liebe mich selbst 2
Softcover, 156 Seiten, ISBN 978-3-907091-06-7

Bei diesem Buch, von der Autorin als Fortsetzung und Ergänzung ihres ersten Wegweisers zu diesem Thema konzipiert, handelt es sich um eine konkrete Anleitung zum Aufbau und zur Stärkung des Selbstwertgefühls und der Selbstliebe. In jedem der 26 kurzen Kapitel befasst sie sich mit einer Verhaltensweise, die auf eine schwache Selbstliebe hindeutet, und schlägt eine auf den gewöhnlichen Alltag ausgerichtete Übung vor, um diese Verhaltensweise zu verändern. Es geht dabei um unsere Abhängigkeit von anderen Menschen, um Verlustangst, Selbstbestimmung, aber auch um Perfektionismus, Überheblichkeit, mangelnde Spontaneität und nicht zuletzt um die Ängste.

Die von ihr vermittelten Erkenntnisse und Einsichten sind aus dem Leben gegriffen, ihre Übungsvorschläge und Tipps für alle praktikabel. Der Alltag ist die Schule der Selbstliebe.

Karin Jundt
Liebe ist kein Deal – Ein Weg zur glücklichen Paarbeziehung
Softcover, 188 Seiten, ISBN 978-3-907091-16-6

Der Liebesdeal ist das in Paarbeziehungen am häufigsten gelebte Modell. Es beruht auf dem Prinzip eines ausgewogenen Gebens und Nehmens mit einem fairen Verhältnis zwischen Rechten und Pflichten. Betrachtet man jedoch die hohen Trennungs- und Scheidungsraten und die erhebliche Anzahl unzufriedener oder konfliktärer Beziehungen, ist es offenbar nicht besonders erfolgreich.

Wonach wir uns in Wahrheit sehnen, ist die selbstlose, bedingungslose, vorbehaltlose Liebe, ohne Forderungen und Erwartungen, die eine harmonische Verbindung zweier Menschen nährt, in welcher jeder er selbst sein darf und angenommen und geliebt wird, wie er ist.

Reine Liebe, ein hohes Ideal. Um es zu erlangen, ist zuerst eine gründliche Auseinandersetzung mit dem eigenen Ego unerlässlich. Die tragenden Elemente für ein Leben im Einklang mit sich und dem Partner sieht Karin Jundt dann in Selbstliebe, Authentizität, Kommunikation und Einheit.

Ihr Buch richtet sich an Menschen, die den Weg der selbstlosen Liebe einschlagen oder vertiefen wollen. Es ist aber auch für all jene ein Wegweiser, die ihre Partnerschaft friedlicher und bereichernder gestalten oder an bestehende Probleme herangehen und sie bewältigen möchten. Ebenso wie für Singles, die im Hinblick auf eine künftige Paarbeziehung einen neuen Impuls suchen, auch um die Fehler der Vergangenheit nicht zu wiederholen.

Wie es für ihre Wegweiser-Bücher charakteristisch ist, bleibt die Autorin nicht bei der Theorie stehen, vielmehr gibt sie konkrete, im Alltag anwendbare Anleitungen und Tipps, damit die neuen Erkenntnisse in der Praxis genutzt und umgesetzt werden können.

Webseiten der Autorin:
www.selbstliebe.ch
www.karma-yoga.ch

Spirituelle Buchreihe Sonnwandeln von Karin Jundt

Sonnwandeln – dieser von der Autorin erdachte Begriff mit der doppelten Bedeutung von „auf dem sonnigen Lebensweg wandeln" und „sich zu einem sonnigen Gemüt wandeln" – war der Titel ihrer dreißigteiligen E-Schriftenreihe, einem Werk für spirituelle Entwicklung und Selbstveränderung. Grundlegend überarbeitet und ergänzt, ist Sonnwandeln als Buchreihe in fünf Bänden erhältlich.

Das Konzept ist einzigartig in seiner Ganzheitlichkeit und seinem Alltagsbezug. Jedes Kapitel weist die gleiche Struktur auf: „Einführende Gedanken" stellt eine Einleitung ins Thema dar und wirft auch Fragen auf, die dann in den weiteren Rubriken „Vertiefende Aspekte" und „Fragen & Antworten" konkret und alltagsbezogen behandelt werden. Zu jedem Thema gibt es eine Aufgabe für die innere Entwicklung, ergänzt durch Vorschläge für Affirmationen, eine Imagination oder Meditation und unterstützende Heilsteine und Bach-Blüten. Wie es für Karin Jundt charakteristisch ist, behandelt sie alle Themen mit einem klaren Bezug zum gewöhnlichen Alltag und gibt konkrete Anregungen.

Der Sinn des Lebens und die Lebensschule
Sonnwandeln Band I
Softcover, 220 Seiten, ISBN 978-3-907091-05-0

Alltägliches Handeln im spirituellen Geist
Sonnwandeln Band II
Softcover, 256 Seiten, ISBN 978-3-907091-07-4

Über allem die Liebe
Sonnwandeln Band III
Softcover, 236 Seiten, ISBN 978-3-907091-13-5

Unsere innere Welt
Sonnwandeln Band IV
Softcover, 240 Seiten, ISBN 978-3-907091-14-2

Das spirituelle Leben
Sonnwandeln Band V
Softcover, 216 Seiten, ISBN 978-3-907091-15-9

Webseite des Verlags mit Leseproben:
www.nada-verlag.ch

Spirituelle Romane im nada Verlag

Karin Jundt
Jonathan von der Insel
Softcover, 160 Seiten, ISBN 978-3-907091-09-8

Der Fischer Jonathan macht einen außergewöhnlichen Fang: einen bunten, sprechenden Fisch, der Wünsche erfüllt – allerdings anders, als man es erwartet. Beim jungen Mann löst er den Prozess der bewussten inneren Entwicklung aus. Auch Jonathans Freundin Serena begegnet dem Fisch, und er weist ihr den Weg aus einer schwierigen, leidvollen Zeit. Beim Dorftrottel Beppi scheint der Fisch gar Wunder zu wirken. Die Geschichte spielt auf einer kleinen Insel im südlichen Mittelmeer; es ist die Kulisse des gewöhnlichen Alltags, wo Menschen Leidenschaft und selbstlose Liebe erfahren und die Last schweren Schicksals tragen.

Karin Jundt
Der Wanderer im dunklen Gewand
Softcover, 164 Seiten, ISBN 978-3-907091-10-4

Er erwacht eines Nachts unter dem Sternenhimmel, weiß nicht, wer er ist, woher er kommt, wohin er gehen soll – und macht sich auf den Weg. Später erhält er einen Namen und damit eine scheinbare Identität. Die Frage nach seinem Ursprung, seiner Heimat, dem wahren Sein, dem Sinn verstummt indes nie. In dieses Leben hineingestellt, sucht der Wanderer seinen Weg über lichte Hügel und durch dunkle Täler, lässt sich leiten vom Fluss, lernt durch seine Erfahrungen und Erkenntnisse – und wundert sich über die immer zahlreicher werdenden goldenen Flecken an seinen dunklen Kleidern. In Francesca findet er dann auch die große Liebe, die ihn fortan auf seiner Reise begleitet. Doch sein Ziel kann er am Ende nur allein erreichen...

Manfred Kyber
Der Königsgaukler
Hardcover, 72 Seiten, ISBN 978-3-907091-08-1

Ein zeitloses spirituelles Märchen über den Lebensweg eines jeden Menschen zu seinem Höheren Selbst, ein Märchen, das Mut macht, Hoffnung schenkt und Trost spendet.

Diese neue Ausgabe entspricht dem Originaltext der Erstpublikation aus dem Jahr 1921, berücksichtigt jedoch die neue deutsche Rechtschreibung und Zeichensetzung. Das Büchlein ist liebevoll und edel gestaltet, um diesem Juwel der spirituellen Literatur gerecht zu werden, und eignet sich auch hervorragend als Geschenk.